MEINE WUNDERVOLLE SLAVI!
ZU DEINEM
GEBURTSTAG
SCHICKE ICH DIR

VERWUNSCHENE LECKEREIEN

ENTDECKE DIE MÄRCHEN!

Rezepte und Geschichten aus den schönsten Märchen

JANUAR 2002

Laurence und Gilles Laurendon
Christine Ferber

VERWUNSCHENE LECKEREIEN

Rezepte und Geschichten aus den schönsten Märchen

Fotografien von
Bernhard Winkelmann

Scherenschnitte und Illustrationen von
Philippe Model

Aus dem Französischen von
Eliane Hagedorn, Kollektiv Druck-Reif

Mosaik

Titel der französischen Originalausgabe:
LA CUISINE DES FEES & Autres Contes Gourmands
Autoren: Laurence und Gilles Laurendon & Christine Ferber
Fotos: Bernhard Winkelmann
Set Design und Illustrationen: Philippe Model
Veröffentlicht von: Les Editions du Chêne-Hachette Livre 1999

Redaktionsleitung: Laurence Basset
Redaktionssekretariat: Camille de Cacqueray
Art Director: Sabine Houplain
Layout und Grafik: Cecily Chabert & Marie-Paule Jaulme

Inhalt

Vorwort • 6

Das geheimnisvolle Haus • 9

Der Zaubergarten • 35

Im Märchenwald • 55

In der Gewalt von Hexen und Riesen • 83

Von einem Schloss zum anderen • 103

Im Wunderland • 135

Rezeptregister • 164

Vorwort

»Sehr hübsch«, meinte Gandalf. »Doch heute morgen habe ich keine Zeit, Rauchringe zu machen. Ich suche jemanden, der sich auf ein Abenteuer einläßt, und eine solche Person ist schwer zu finden.«

»Das kann ich mir in dieser Gegend gut vorstellen! Wir hatten schon so viele Abenteuer zu bestehen. Das sind häßliche Sachen, die bringen nur Ungemach und Schwierigkeiten und halten einen bloß von Essen ab!« (J. R. R. Tolkien, *Der Hobbit*)

Diesem Buch geht eine Geschichte voraus. Schon seit einigen Jahren arbeiten wir an einer Studie über gastronomische Märchen aus allen Jahrhunderten und aller Herren Länder. *Eselshaut, Rotkäppchen, Der kleine Däumling, Jack und die Bohnenranke, Der gläserne Schuh, Schönchen und das Ungeheuer…*, aber auch *Aladin und die Wunderlampe, Der kluge Hase, Der Kojote und die Klapperschlange* – Märchen, in denen es um ein und dasselbe Thema geht und die doch so unterschiedlich sind – weise und volkstümlich zugleich – mit ihrem Ursprung in Afrika, Ozeanien, Amerika oder Asien.

Eines Tages wollten wir anlässlich eines Kinderfestes ein Festmahl ausrichten, das der Feen würdig und von berühmten Märchen inspiriert sein sollte.

Es ist allgemein bekannt, dass Feen Leckermäuler sind. Früher schenkte man ihnen in den Dörfern Kuchen, um sie milde zu stimmen, denn einige von ihnen waren auch Menschenfresser, die nicht einmal davor zurückschreckten, Kinder zu verschlingen. Bei Gemeindefesten warfen die Einwohner ihre Gaben in Grotten, in denen – das wussten sie aus sicherer Quelle – die Feen wohnten.

Um uns unsere kleinen Vielfraße geneigt zu machen, haben wir ihnen an diesem Tag die alten Märchen wieder vorgelesen: vom süßen Brei, der ohne Unterlass über den Topfrand quillt (und wehe dem, der das Zauberwort vergessen hat, um ihm Einhalt zu gebieten); vom Lebkuchenmann, der aus der Küche flieht, um nicht verspeist zu werden; von Riquet mit dem Schopf, dessen kleine

Köche, Küchenjungen und Helfer in einem geheimnisvollen, unter der Erde verborgenen Palast leben, und von den Abenteuern eines jungen Mädchens, das in einer einfachen Haselnuss »eine Karosse, Pferde, einen Kutscher und Traumkleider findet«. Denn wie Aschenputtel zu seiner goldenen Kutsche kommt, ist von Land zu Land verschieden. Ihre Geschichte wurde bereits im 9. Jahrhundert, also lange vor Perrault, in China erzählt.

Diese Märchen, über deren Ursprung man nichts weiß, wurden von Mund zu Mund, von Land zu Land, von Jahrhundert zu Jahrhundert überliefert. Und so hat man seit Schriftstellergedenken nie ein Märchen verloren gehen sehen!

Dann kam der heiß ersehnte Augenblick des Essens. Die ausgehungerten, ungeduldigen Kinder aßen den Kuchen, den sie selbst gebacken hatten. Ein Kind erklärte, es könne keinen »Feenkuchen« essen, »weil es keine Feen gibt!« Sogleich eilte uns Peter Pan zu Hilfe: »Jedesmal, wenn ein Kind sagt: ›Ich glaube nicht an Feen‹, stirbt eine von ihnen.« Auf der Stelle aß der Junge seinen Kuchen und ließ nicht ein Krümchen übrig. Wie könnte man mit dem Tod einer Fee auf dem Gewissen leben?

Zum Schluss stellten die Kinder Törtchen und Bonbons auf eine Ecke des Tischs. Das war »für die Feen«.

Dieses Buchs ist das Ergebnis jenes Schlemmer-Nachmittags und unserer Beschäftigung mit den Märchen. Wir zitieren einige der schönsten Passagen aus den traditionellen Märchen, die von Festmahlen, schlichten Mahlzeiten und Banketten erzählen. Es hat uns Spaß gemacht, uns die Rezepte dazu vorzustellen. Beim Lesen malten wir uns gleichsam aus, wie die Gerichte schmecken würden und so spürten wir, wie einst die Feen und Hexen, in alten Zauberbüchern längst vergessene Rezepte aus dem 17. und 18. Jahrhundert auf.

Der Zauber der Schriften mit ihrer Kunst der Verwandlung: Kochrezepten wohnt derselbe geheimnisvolle Zauber inne wie Märchen. Und eigenartigerweise hat man fast zur selben Zeit mit der Niederschrift von Märchen und Rezepten begonnen. So als hätten die Menschen, da sie spürten, dass die Welt der Feen unwiderruflich entschwand, das Bedürfnis gehabt, sie für alle Ewigkeit auf Papier festzuhalten. Vielleicht hat man Märchen und Rezepte veröffentlicht, so wie man heute Bücher ins Weltall schickt, um etwas von einer Welt zu bewahren, die langsam verblasst – ähnlich wie die Mysterienspiele des Mittelalters.

Dann stieß eines Tages unsere Freundin Christine Ferber, die »Fee der Konfitüren« zu uns, verwandelte die Rezepte aus alter Zeit und schuf neue. Rahmtörtchen, Marzipan, Knusperbrezeln, Baisers und Eiserkuchen verwandelten sich in Bärentatzen, Feenfinger mit Orangenblüten, Wolfszähne mit Anis und Armer-Ritter-Gewürzschnitten… Kochrezepte und Märchen müssen, damit sie lebendig bleiben, ständig neu erzählt und interpretiert werden.

Wir wünschen uns, dass die Feen unser Werk für eine gelungene Umsetzung ihrer Gaben halten!

Gilles und Laurence Laurendon

DAS GEHEIMNIS-VOLLE HAUS

»Knusper, knusper knäuschen,
wer knuspert an meinem Häuschen?«
»Der Wind, der Wind, das himmlische Kind.«

IN DEN MEISTEN MÄRCHEN IST DAS ELTERNHAUS AUSGANGSPUNKT DES ABENTEUERS – DORT IST ES WARM UND SICHER, ABER AUCH FURCHTBAR LANGWEILIG.

Dieses Haus ist für das Kind der Mittelpunkt der Welt, jener Ort, an dem sich das wahre Drama abspielt. Die Märchenhelden haben nur einen Wunsch: fliehen, so schnell wie möglich die einengende Stätte verlassen. Dort sind sie geboren, dort sind sie aufgewachsen, und eines schönen Tages überkommt sie das unwiderstehliche Verlangen, davonzulaufen.

Denn um erwachsen zu werden, müssen sie Abenteuer bestehen, und auf eigenen Füßen stehen. Der unartige Junge Nils Holgersson nutzt einen Augenblick der Freiheit, um sich über die Verbote hinwegzusetzen.

»Der Junge saß derweil in Hemdsärmeln auf der Tischkante und freute sich, daß sie nun bald das Haus verließen. ›Fein‹, dachte er, ›dann kann ich mit Vaters Gewehr schießen, ohne daß es mir jemand verbietet.‹« Und so trifft Nils Holgersson ein Wichtelmännchen und fängt es. Plötzlich sitzt er auf dem Rücken eines Gänserichs und unternimmt eine wunderbare Reise durch Schweden. Er wollte flügge werden, und das ist ihm gelungen!

Sobald Pinocchio in einen kleinen Jungen verwandelt wird, nimmt er Reißaus.

Im Märchen ergreift die Ruhelosigkeit selbst leblose Dinge. Das Lebkuchenmännchen entflieht aus dem Ofen, sobald die Tür sich öffnet.

»Lauft, lauft, so schnell ihr könnt, ihr werdet mich nie einfangen!«

Der Pfannekuchen rollt und rollt, immer schneller und schneller, und verschwindet schließlich im Wald. »Fang mich doch, wenn du kannst!«

Kolobok, das kleine, runde Brot in den russischen Märchen, wartet ebenfalls nur darauf, sich aus dem Staub zu machen. Unzählige Variationen zum selben Thema. Das ist die Kunst des Ausreißens.

Natürlich verlassen nicht alle das Elternhaus aus eigener Initiative. Bilbo hätte nie sein gemütliches Hobbit-Haus verlassen, wenn ihn nicht Gandolf, der Zauberer, mit seinen betörenden und abenteuerlichen Erzählungen dazu verführt hätte. Der Däumling und seine Brüder wären sicher in der Hütte geblieben, hätten die Eltern sie nicht im Wald aussetzen müssen, weil sie nichts mehr zu essen hatten: »Du siehst ja, daß wir unsere Kinder nicht mehr ernähren können; ich kann nicht zuschauen, wie sie vor meinen Augen vor Hunger sterben, und ich bin entschlossen, sie morgen im Wald auszusetzen.«

Doch wie soll man aus dem Haus kommen, wenn man Aschenputtel heißt und eine arme, von allen verachtete Schmutzliese ist? Oder wie soll man aus seiner Haut heraus, wenn man Eselshaut heißt und ein struppiges Tier ist, das niemand anzusehen wagt?

Glücklicherweise wachen darüber die Feen und die Märchenerzähler. Aschenputtels Patin verwandelt die Hausmäuse in Pferde, die Ratten in Kutscher, die Eidechsen in Lakaien und den Kürbis in eine schöne goldene Karosse.

Wenn ein einfaches Holzstück genügt, damit die Fee mit den blauen Haaren einen kleinen Jungen daraus macht, dann ist wirklich alles möglich. Und die Welt ist verzaubert.

Doch jedes Abenteuer hat seinen Preis. Das bisher so behagliche Zuhause, in dem man wohlig gelebt hat, wird plötzlich zu einem beunruhigenden, gefährlichen Ort. Weil er ein Wichtelmännchen gefangen hat, wird Nils Holgersson in einen Winzling verwandelt.

Brimborion, der kleine Däumling und all die anderen winzigen Helden haben es plötzlich mit bis dahin unbekannten Gefahren zu tun. Das kleinste Insekt verwandelt sich in ein riesiges Monster.

Ständig zittern sie vor Furcht. Tom Pouce fällt in den Kuchenteig und wäre darin fast ertrunken. Als er aus dem Fenster geworfen wird, landet er im Mund eines Müllers, der ihn versehentlich verschluckt, ihn dann in einen Fluss spuckt, wo er von einem Fisch verschlungen wird.

In den Märchen ist das Essen oft ein zentrales Thema: entweder man isst oder man wird gegessen! Darum spielen sich sicherlich auch die wichtigsten Szenen in der Küche ab. Aschenputtel weint am Herd. Eselshaut backt dort ihre Kuchen. Neugier und Naschhaftigkeit sind zwei herausragende Schwächen.

Das Elternhaus ist also häufig Ausgangspunkt des Abenteuers. Außer für das kleine Mädchen mit den Schwefelhölzern, das, um Leib und Seele zu wärmen, ein Streichholz nach dem anderen anreißt. »Großmutter«, rief die Kleine. »Oh, nimm mich mit..! Ich weiß, daß du wieder verschwunden bist, wenn das Schwefelhölzchen ausgeht – verschwunden wie der warme Ofen, die gebratene Gans und der schöne Weihnachtsbaum!«

Und auch der Märchenerzähler reißt angesichts der Kälte, des Todes und der Abscheulichkeit des Lebens seine kleinen Schwefelhölzchen an: Geschichten um Geschichten, eine nach der anderen, immer mehr…

Das tapfere Schneiderlein

Jacob und Wilhelm Grimm

An einem Sommermorgen saß ein Schneiderlein auf seinem Tisch am Fenster, war guter Dinge und nähte aus Leibeskräften. Da kam eine Bauersfrau die Straße hinab und rief: »Gut Mus feil! Gut Mus feil!« Das klang dem Schneiderlein lieblich in die Ohren, er steckte sein zartes Haupt zum Fenster hinaus und rief: »Hier herauf, liebe Frau, hier wird sie ihre Ware los.«

Die Frau stieg die drei Treppen mit ihrem schweren Korbe zu dem Schneider herauf und mußte die Töpfe sämtlich vor ihm auspacken. Er besah sie alle, hob sie in die Höhe, hielt die Nase dran und sagte endlich: »Das Mus scheint mir gut, wieg sie mir doch vier Lot ab, wenn's auch ein Viertelpfund ist, kommt es nicht darauf an.« Die Frau, welche gehofft hatte, einen guten Absatz zu finden, gab ihm, was er verlangte, ging aber ganz ärgerlich und brummig fort.

»Nun, das Mus soll mir Gott gesegnen«, rief das Schneiderlein, »es soll mir Kraft und Stärke geben«, holte das Brot aus dem Schrank, schnitt sich ein Stück über den ganzen Laib und strich das Mus darüber.

Röstbrot mit Creme fraîche und Zwetschenkonfitüre

Für 2 Personen
Vorbereitungszeit: 20 Minuten
Kochzeit: 30 Minuten

2 Scheiben Landbrot
125 g Crème fraîche
Für die Zwetschenkonfitüre:
550 g Zwetschen
400 g Zucker
Saft von $1/2$ Zitrone

- Am Vortag Zwetschen waschen, halbieren und entsteinen. Mit Zucker und Zitronensaft vermischen und 1 Stunde ziehen lassen.
- Die Mischung in einem Konfitüretopf zum Sieden bringen. In eine Schüssel füllen und mit Pergamentpapier abgedeckt bis zum nächsten Tag beiseite stellen.
- Die Fruchtmischung unter vorsichtigem Rühren erneut erhitzen und unter ständigem Rühren etwa 5 Minuten kochen. Sorgfältig abschäumen, abermals kurz aufkochen und Gelierprobe machen. Konfitüre in Gläser füllen und verschließen.
- Große, nicht zu dünne Brotscheiben schneiden und von beiden Seiten unter dem Grill des Backofens goldgelb rösten. Die lauwarmen Scheiben großzügig mit Crème fraîche bestreichen und mit der Zwetschenkonfitüre servieren.

Eselshaut

CHARLES PERRAULT

Er seufzt, er weint,
er jammert und
äußert nur den einen
Wunsch, daß Eselshaut ihm
eigenhändig einen Kuchen bereite.
Die Mutter weiß nicht,
was ihr Sohn damit wohl meint.
»O Himmel! Herrin«, erklärt
man ihr. »Eselshaut ist ein
schwarzer Maulwurf, häßlicher
noch und widerwärtiger, als der
schmutzigste Küchenjunge.«
»Gleichviel«, spricht die Königin.
»Man muß ihm seinen Willen tun.
Nur das alleine gilt.«

Eselhauts Kuchen

Für 6 Personen (800 g Biskuitteig)
Vorbereitungszeit: 30 Minuten
Backzeit: 50 Minuten

40 g Weizenmehl
30 g Butter
4 Eier
150 g gemahlene Mandeln
150 g Puderzucker
4 Eiweiss
2 EL Zucker
50 g kandierte Orangenschale
50 g kandierte Engelwurzstängel
Für die Form:
30 g Butter
30 g Weizenmehl
Zum Verzieren:
2 gestrichene EL Puderzucker

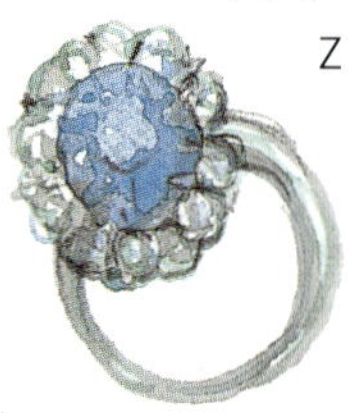

- Eine Topfkuchen- oder Brioche-form von 22 cm Durchmesser und 12 cm Höhe buttern und leicht mit Mehl bestäuben. Backofen auf 180 °C (Gas Stufe 2) vorheizen. Das Mehl sieben, Butter in einer kleinen Kasserolle zerlassen.
- Eier, Mandeln und Puderzucker in eine Schüssel geben und mit dem Handrührer (mittlere Stufe) schlagen, bis die Masse schaumig und hellgelb ist.
- Eiweiß steif schlagen, dabei nach und nach den Zucker einstreuen (der Eischnee muss sehr fest sein).
- Die flüssige, lauwarme Butter und ein Drittel des Eischnees zu der Mandelmischung geben und vorsichtig mit einem Holzspachtel unterziehen. Gleichzeitig nach und nach das gesiebte Mehl einstreuen. Den restlichen Eischnee unterheben, die Masse darf nicht zusammenfallen.
- Ein Drittel des Biskuitteigs vorsichtig in die Form gleiten lassen und mit der Hälfte der kandierten Orangen und Engelwurzstängeln bestreuen, mit einer zweiten Schicht Teig bedecken, erneut mit kandierten Früchten bestreuen und mit dem restlichen Biskuitteig abschließen.
- 50 Minuten im Ofen backen, bis der Kuchen schön aufgegangen ist und die Messerklinge beim Anstechen sauber bleibt.
- Den Kuchen auf eine Tortengitter stürzen. Nach dem Abkühlen leicht mit Puderzucker bestäuben.

Hans Däumling

P.J. Stahl

Nichts war so angenehm, als Hänschen zu Hause unter all den Sächelchen zu sehen, die er zu seinem täglichen Gebrauch hatte. […] alles, was für die anderen Kinder nur ein Spielzeug war, war für seine Größe gerade passend, so hatte Hans als Tisch, als Gläser, als Teller die Tischchen, die Gläschen und die Tellerchen, mit welchen die anderen Kinder gewöhnlich spielten und kochten, wenn sie nur ihre Puppen zu Gast luden. Um nichts zu verschweigen, Hänschen brauchte 6 Tage, ehe er eine Macarone aufaß, ob er gleich guten Appetit hatte, denn sie war für ihn wie ein vierpfündiges Brot für einen Anderen.

[…] Er wollte wissen, was in dem großen Topf wäre, und er erfuhr es, denn nachdem er mit großer Gewandtheit bis an den Rand geklettert war, glitt ihm der Fuß aus, und das Papier, das nicht festgemacht war, gab unter dem kleinen Neugierigen nach. Dieser Topf war voll von flüssigem Teig, den seine Mutter bereitet hatte, um einen Kuchen zu backen […] Beklagt unseren Helden, ob er gleich schuldig war, denn er fiel mit dem Kopf voraus in dieses Meer von Mehl und Wasser hinein.

[…] Es könnte wirklich scheinen, als wäre der arme Hans in die Welt gekommen, um verschluckt zu werden, denn ein großer Fisch, der vorbeikam und ihn fallen sah, schnappte ihn im Vorbeifliegen und verschlang ihn seinerseits, wie er es mit einer Fliege getan hätte.

Däumlings Plätzchen

Für 60 Plätzchen à 10 g (590 g Teig)
Vorbereitungszeit: 40 Minuten
Backzeit: 8–10 Minuten

250 g Weizenmehl
2 gestrichene EL Vanillezucker
1 Prise Salz
190 g weiche Butter
125 g Puderzucker
1 Ei
Zum Backen:
1 Ei (klein)
Zum Verzieren:
100 g grober Zucker

- Am Vortag den Teig zubereiten. Mehl auf eine Arbeitsplatte sieben. Eine Mulde in die Mitte drücken und den Rand mit Salz und Vanillezucker bestreuen. Die in Flöckchen geschnittene, weiche Butter und den Puderzucker in die Mulde geben und mit den Fingerspitzen zu einer cremigen Masse vermischen. Leicht zwischen den Handflächen mit dem Mehl zu einer krümeligen Mischung verreiben. Erneut eine Mulde in die Mitte drücken, in die das Ei gegeben wird. Die Mehlmischung nach und nach zur Mitte schieben und vorsichtig unterkneten. Eine Kugel formen und in Frischhaltefolie gewickelt 30 Minuten im Kühlschrank ruhen lassen.
- Auf einer leicht bemehlten Arbeitsplatte den Teig in fünf gleich große Rollen von circa 2 cm Durchmesser teilen. Mit dem verschlagenen Ei bepinseln und in Zucker wälzen. Bis zum nächsten Tag hart werden lassen.
- Am Tag der Zubereitung den Ofen auf 180 °C (Gas Stufe 2) vorheizen. Die Rollen in circa 2 cm dicke Scheiben schneiden. In 4 cm Abstand auf ein mit Pergamentpapier belegtes Blech legen, damit sie nicht zusammenkleben. 8 bis 10 Minuten backen, bis sie goldbraun sind. Auf dem Backblech auskühlen lassen.

Der Lebkuchenmann

JIM AYLESWORTH

Es war einmal ein guter Mann, der lebte mit seiner guten Frau.
Eines Tages sagte die gute Frau:
»Und wenn wir uns einen Lebkuchenmann backen würden?«
»Welch guter Einfall«, antwortete der gute Mann.
Und sie machten sich sogleich an die Arbeit. Sie kneteten den Teig, rollten ihn aus, formten die kleinen Arme, formten die kleinen Beine und schließlich den kleinen Kopf. Mit Rosinen machten sie ihm Augen, eine Nase und einen Mund. Dann fertigten sie ihm aus Puderzucker einen hübschen kleinen Anzug. Als alles fertig war, legten sie das Männchen in den Ofen und warteten. Ein köstlicher Duft sagte ihnen, daß es gar war. Doch kaum hatten sie die Ofentür geöffnet, da lief das Männchen davon, so schnell es konnte.

Lebkuchenmännchen

Für 20 Männchen (500 g Lebkuchenteig)
Vorbereitungszeit: 40 Minuten
Backzeit: 8–10 Minuten

250 g Tannenhonig
200 g Weizenmehl
50 g Roggenmehl
1 TL abgeriebene Schale
von 1 unbehandelten Orange
1 TL abgeriebene Schale
von 1 unbehandelten Zitrone
$^1/_2$ TL Hirschhornsalz
(aus der Apotheke)
1 gestrichener TL gemahlenes
Lebkuchengewürz
1 Msp. gemahlener Zimt
1 Msp. gemahlener Kardamom
1 Eigelb
$^1/_2$ TL. Pottasche (aus der Apotheke)
Zum Backen:
etwas Milch

- Der Lebkuchenteig wird eine Woche vorher zubereitet. In einer Kasserolle den Honig erwärmen, die Temperatur darf nicht über 40 °C steigen. Beide Mehlsorten in eine Schüssel sieben und vermengen, den warmen Honig darüber gießen und mit einem Holzlöffel verrühren (der Teig muss sehr fest sein). Abkühlen lassen und mit Frischhaltefolie abgedeckt bei Zimmertemperatur aufbewahren.
- Am Tag der Zubereitung den Lebkuchenteig in kleine Stücke schneiden, in die Rührschüssel der Küchenmaschine geben und mit dem Knethaken verkneten, dabei Orangen- und Zitronenschale und das in 1 Teelöffel Wasser aufgelöste Hirschhornsalz dazugeben. Nach und nach alle Gewürze, das Eigelb und die in 1 Teelöffel Wasser aufgelöste Pottasche zugeben. Der Teig muss so lange geknetet werden, bis alle Zutaten gut vermischt sind, dabei bleibt er fest.
- Backofen auf 170 °C (Gas Stufe 1–2) vorheizen. Auf einer leicht bemehlten Arbeitsfläche den Teig 3 cm dick ausrollen. Auf ein mit Pergamentpapier belegtes Blech geben und die Männchen mit Hilfe einer Pappschablone und eines kleinen Messers ausschneiden. Mit Milch bepinseln und 8 bis 10 Minuten backen, bis die Lebkuchen aufgehen, sehr glatt und goldbraun sind. In einer Metalldose oder Zellophanbeuteln aufbewahren.

Roll Kringel Roll

In einem Haus, ganz in der Nähe des Waldes, lebten ein Mann und eine Frau. Eines Tages sagte der Mann zu der Frau:

»Ich würde gerne einen Kringel essen…«

»Ich könnte dir einen backen«, antwortete die Frau, »wenn ich nur Mehl hätte.«

»Wir werden sicher ein wenig finden«, meinte der Mann. »Geh nur auf den Speicher, feg den Boden und sammle die Weizenkörner auf.«

»Das ist eine gute Idee«, entgegnete die Frau, ging auf den Speicher, fegte den Boden und sammelte die Weizenkörner auf. Aus den Weizenkörnern machte sie Mehl, aus dem Mehl einen Kringel und schob ihn zum Backen in den Ofen. Dann war der Kringel gebacken.

»Er ist zu heiß«, rief der Mann. »Wir müssen ihn abkühlen lassen!«

Und die Frau stellte den Kringel auf das Fensterbrett. Nach einer Weile begann der Kringel, sich zu langweilen. Ganz langsam schob er sich vom Fensterbrett, fiel in den Garten und setzte seinen Weg fort. Und er rollte und rollte immer weiter und weiter…

Orangen- und Zitronenkringel

Für 16 Plätzchen à 25 g (390 g Teig)
Vorbereitungszeit: 40 Minuten
Backzeit: 12–15 Minuten

125 g Weizenmehl
50 g gemahlene Mandeln
1 Msp. gemahlener Zimt
1/2 TL abgeriebene Schale
von 1 unbehandelten Orange
und 1 Zitrone
100 g weiche Butter
100 g Puderzucker
2 EL Milch
Zum Bräunen:
1 Ei (klein)
Zum Verzieren:
100 g kandierte Orangen-
und Zitronenschale

- Das Mehl auf die Arbeitsfläche sieben, eine Mulde hineindrücken, Mandeln, Zimt, Orangen- und Zitronenschale auf den Rand streuen. Butter und Puderzucker in die Mulde geben und mit den Fingerspitzen zu einem cremigen Teig verkneten. Leicht zwischen den Handflächen mit dem Mehl zu einer krümeligen Mischung verreiben. Milch dazugeben und vorsichtig, aber nicht zu lange, durchkneten, bis ein glatter Teig entsteht. In Frischhaltefolie gewickelt 30 Minuten im Kühlschrank ruhen lassen.
- Teig 5 Minuten vor dem Verarbeiten aus dem Kühlschrank nehmen. Auf einer leicht bemehlten Arbeitsfläche 5 mm dick ausrollen. Mit einer gezahnten Form von etwa 6 cm Durchmesser Kekse ausstechen und im Abstand von 5 cm auf ein mit Pergamentpapier belegtes Backblech legen. Mit einem kleinen Förmchen von etwa 2 cm Durchmesser in der Mitte jedes Plätzchens ein Loch ausstechen.
- Ofen auf 180 °C (Gas Stufe 2) vorheizen. Die Plätzchen mit verschlagenem Ei bepinseln und mit der fein gewürfelten kandierten Orangen- und Zitronenschale verzieren. In circa 15 Minuten goldgelb backen.

Das kleine Mädchen mit den Schwefelhölzern

HANS CHRISTIAN ANDERSEN

Aus allen Fenstern strahlte heller Lichterglanz, und über alle Straßen verbreitete sich der Geruch von köstlichem Gänsebraten. Es war ja Silvesterabend, und dieser Gedanke erfüllte alle Sinne des kleinen Mädchens. In einem Winkel zwischen zwei Häusern [...] kauerte es nieder. Seine kleinen Beinchen hatte es unter sich gezogen, aber es fror nur noch mehr und wagte es trotzdem nicht, nach Hause zu gehen, da es noch kein Schächtelchen mit Streichhölzern verkauft, noch keinen Heller erhalten hatte. Es hätte gewiß vom Vater Schläge bekommen, und kalt war es zu Hause ja auch; sie hatten das bloße Dach gerade über sich, und der Wind pfiff schneidend hinein, obgleich Stroh und Lumpen in die größten Ritzen gestopft waren. Ach wie gut mußte ein Schwefelhölzchen tun! Wenn es nur wagen dürfte, eines aus dem Schächtelchen herauszunehmen, es gegen die Wand zu streichen und die Finger daran zu wärmen! Endlich zog das Kind eins heraus. Ritsch! wie sprühte es, wie brannte es. Das Schwefelholz strahlte eine warme, helle Flamme aus, wie ein kleines Licht, als es das Händchen um dasselbe hielt. Es war ein merkwürdiges Licht; es kam dem kleinen Mädchen vor, als säße es vor einem großen eisernen Ofen mit Messingbeschlägen und Messingverzierungen; das Feuer brannte so schön und wärmte so wohltuend! Die Kleine streckte schon die Füße aus, um auch diese zu wärmen – da erlosch die Flamme. Der Ofen verschwand – sie saß mit einem Stümpfchen des ausgebrannten Schwefelholzes in der Hand da. Ein neues wurde angestrichen, es brannte, es leuchtete und an der Stelle der Mauer, auf welche der Schein fiel, wurde sie durchsichtig wie Flor. Die Kleine sah gerade in die Stube hinein, wo der Tisch mit einem blendend weißen Tischtuch und feinem Porzellan gedeckt stand, und köstlich dampfte die mit Pflaumen und Äpfeln gefüllte, gebratene Gans darauf. Und was noch herrlicher war, die Gans sprang aus der Schüssel und watschelte mit Gabel und Messer im Rücken über den Fußboden hin; gerade die Richtung auf das arme Mädchen schlug sie ein. Da erlosch das Schwefelholz, und nur die dicke, kalte Mauer war zu sehen.

Gefüllte Gans mit Pflaumen und Birnen

Für 12 Personen
Vorbereitungszeit: 1 Stunde 30 Minuten
Backzeit: 4 Stunden

2 junge Gänse à 2,5 kg (1,2 kg entbeint)
1 Zwiebel
3 Knoblauchzehen
1 Bund glatte Petersilie
30 g Butter
50 ml Wasser
150 g Bauchspeck
80 ml Vollmilch
100 g Toastbrot
300 g Brät (vom Metzger)
$1^1/_2$ EL Salz
1 TL geriebene Muskatnuss
$1^1/_2$ TL gemahlener Pfeffer
$1^1/_2$ TL gemahlener Zimt
1 TL gemahlene Nelken
Für die Beilage:
6 reife, aber noch feste Williamsbirnen
1 Zitrone
100 g Butter
50 g Rohrzucker
100 ml Wasser
1 grosse Zwiebel
60 g Rosinen
12 Trockenpflaumen
60 g Walnusshälften
1 EL gemahlener Zimt
Salz
Pfeffer aus der Mühle
Für 1,9 kg süssen Hefeteig:
1 kg Weizenmehl
50 g Bäckerhefe
220 ml Wasser
40 g Rohrzucker
30 g Salz
6 Eier
200 g weiche Butter
Zum Backen:
1 Ei (klein)

- Am Vortag den Hefeteig zubereiten. 200 g Mehl in eine Schüssel sieben, Hefe und Wasser zugeben und mit einem Löffel verrühren. Mit Frischhaltefolie abdecken und 15 Minuten bei Zimmertemperatur (circa 22 °C) gehen lassen.
- Das restliche Mehl auf eine Arbeitsplatte sieben, eine Mulde in die Mitte drücken, Zucker und Salz auf den Rand streuen. Den aufgegangenen Hefeteig und die Eier in die Mulde geben und 10 Minuten kräftig durchkneten. Der Teig ist fertig, wenn er nicht mehr an den Fingern klebt. Butter hineinarbeiten und so lange durchkneten, bis er mehr an den Fingern klebt. Den geschmeidigen, glänzenden Teig zu einer Kugel formen, in eine große Schüssel geben und mit einem Tuch bedeckt 1 Stunde bei Zimmertemperatur gehen lassen.

- Ist der Teig zur doppelten Größe aufgegangen, einige Minuten zwischen den Händen kneten, erneut in einer abgedeckten Schüssel 30 Minuten gehen lassen, und die mit Frischhaltefolie verschlossene Schüssel in den Kühlschrank stellen.
- Die Gänse vom Metzger ausnehmen, abflämmen, entbeinen und bridieren lassen. Von einer Gans Fett und Haut entfernen, das Fleisch in feine Streifen schneiden. Knoblauch und Zwiebel schälen, in dünne Scheiben schneiden, Petersilie abspülen und fein hacken. Zwiebel, Knoblauch und Petersilie bei geschlossenem Deckel in Butter und Wasser andünsten.
- Bauchspeck durch die feine Scheibe des Fleischwolfs drehen. Das in warmer Milch eingeweichte Toastbrot mit einer Gabel zerdrücken. In einer Schüssel den durchgedrehten Speck, das Brät, das eingeweichte Brot, die Gänsestreifen und die Petersilie-Zwiebel-Knoblauchmischung mit Salz und den Gewürzen sorgfältig vermengen.
- Den Backofen auf 180 °C (Gas Stufe 2) vorheizen. Die zweite Gans mit der Farce füllen und zunähen. In einer großen Reine 2 Stunden braten, abkühlen lassen und über Nacht im Kühlschrank aufbewahren.
- Am Tag der Zubereitung die Gans 2 Stunden bei Zimmertemperatur stehen lassen, vorsichtig die Fäden entfernen. Den Hefeteig 20 Minuten vor Gebrauch aus dem Kühlschrank nehmen. Auf einer leicht bemehlten Arbeitsfläche 3 mm dick ausrollen und die Gans darin einwickeln, Ränder gut auf der Unterseite übereinander schlagen. Mit Teigbändern verzieren und mit einem Küchentuch abgedeckt 30 Minuten bei Zimmertemperatur ruhen lassen. Backofen auf 180 °C (Gas Stufe 2) vorheizen. Den Teig mit verschlagenem Ei bepinseln und die Gans etwa 2 Stunden im Backofen garen.
- Birnen schälen und längs halbieren, in Zitronenwasser pochieren, so dass sie noch Biss haben. Abtropfen lassen und mit Küchenkrepp trockentupfen.
- In einer beschichteten Pfanne 50 g Butter und den Rohrzucker schmelzen, Innenseite der Birnen darin karamellisieren. Herausheben und beiseite stellen. In derselben Pfanne die restliche Butter schmelzen, 100 ml Wasser zufügen und die fein gehackte Zwiebel bei geschlossenem Deckel einige Minuten andünsten. Rosinen, entsteinte und geviertelte Trockenpflaumen und Nüsse zugeben, mit Zimt bestäuben, salzen und pfeffern und bei milder Hitze kandieren. Die Gans mit den Birnen und dem Trockenobst servieren.

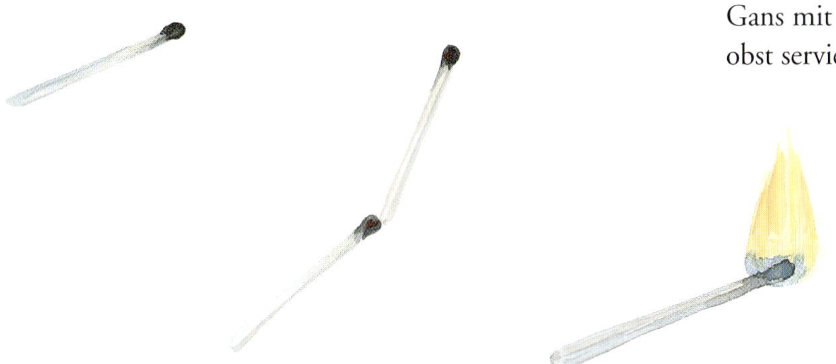

Zuckerhölzchen

Für 60 Hölzchen (610 g Teig)
Vorbereitungszeit: 1 Stunde
Backzeit: 10 Minuten

1 Prise Salz
1 EL Zucker
120 ml kaltes Wasser
300 g Weizenmehl
180 g kalte Butter
Für den Zuckerguss:
100 g Puderzucker
1 Eiweiss (klein)
1 Msp. abgeriebene Schale
von 1 unbehandelten Zitrone
Saft von 1/2 Zitrone

- In einem Schälchen Salz und Zucker in Wasser auflösen. Mehl auf die Arbeitsplatte sieben, Butterflöckchen darüber streuen und in dem Mehl wenden, ohne sie zu zerdrücken. Eine Mulde in die Mitte drücken und das Wasser dazugeben. Langsam die Butter-Mehl-Mischung mit dem Wasser vermengen, aber nicht zu stark durchkneten (die Butterwürfel müssen fest und der Teig klumpig bleiben).
- Den Teig zu einer Kugel formen und in Frischhaltefolie gewickelt 20 Minuten im Kühlschrank ruhen lassen.
- Auf der leicht bemehlten Arbeitsplatte die Teigkugel zu einem 2 cm dicken Rechteck ausrollen. Den Teig zusammenfalten, indem Ober- und Unterkante übereinandergeschlagen werden. Das so gefaltete Teigstück um 90° (1/4 Umdrehung) nach rechts drehen und in Frischhaltefolie verpacken, ab jetzt darf der Teig nicht mehr gewendet oder gedreht werden. Wieder 20 Minuten im Kühlschrank ruhen lassen.
- Den Teig aus dem Kühlschrank nehmen, ohne dabei die Ausrichtung zu ändern. Auf einer leicht bemehlten Arbeitsplatte erneut ausrollen und wie beim ersten Mal zusammenklappen. Wieder in Frischhaltefolie verpackt 30 Minuten im Kühlschrank ruhen lassen.
- Inzwischen den Zuckerguss herstellen: Puderzucker und Eiweiß auf der höchsten Stufe des Handrührers in etwa 4 Minuten zu Schnee schlagen. Dabei in dünnem Strahl den Zitronensaft und die abgeriebene Zitronenschale zugeben. Das ergibt eine lockere Baisermasse.
- Den Teig auf einer leicht bemehlten Arbeitsfläche zu einem 2 cm dicken Rechteck ausrollen und dieses in 15 cm breite Streifen schneiden. Mit einem Löffel ein wenig von dem Zuckerguss auf jeden Streifen geben und mit einem Metallspachtel glatt streichen (die Schicht muss sehr dünn sein). Streifen in 5 mm breite Stäbchen schneiden und in 3 cm Abstand auf ein mit Pergamentpapier ausgelegtes Blech legen, so backen die Hölzchen gleichmäßig und kleben nicht zusammen.
- 30 Minuten in den Kühlschrank stellen. Den Backofen auf 210 °C (Gas Stufe 3–4) vorheizen. Die Temperatur auf 180 °C (Gas Stufe 2) herunterschalten und die Stäbchen etwa 10 Minuten backen, bis sie in die Höhe aufgegangen sind und einen schönen, hellgelben Ton haben.
- Dazu passt ein lieblicher Gewürztraminer.

DER ZAUBERGARTEN

Man wußte aber mit Bestimmtheit, daß die Zauberinnen in ihrem Garten die besten, saftigsten und wohlschmeckendsten Früchte besaßen, die es zu essen gab. Da befiel die Königin, meine Mutter, ein so heftiges Verlangen, sie zu kosten, daß sie umkehrte. Sie erreichte das Tor des herrlichen Gebäudes, das von Gold und Himmelblau nach allen Seiten strahlte; doch sie klopfte vergeblich an, alles war ausgestorben; angesichts dieser Schwierigkeit nahm ihr Gelüst immer mehr zu, sie ließ Leitern holen, damit man über die Gartenmauer steigen könnte, und es hätte wohl gelingen können, wenn diese Mauern nicht vor ihren sehenden Augen in die Höhe gewachsen wären, obwohl niemand an ihnen sich zu schaffen machte; man band eine Leiter an die andere, doch sie brach unter dem Gewicht der Leute zusammen, die sie bestiegen und sich verletzten oder zu Tode stürzten.

(MADAME D'AULNOY, *Die weiße Katze*)

ES WAR EINMAL EIN KÖNIG, DER WAR SO MÄCHTIG, UND SEIN RUHM SO GROSS, DASS ER UNVERGÄNGLICHE FRÜCHTE BESITZEN WOLLTE.

Und so verlangte er von seinen Gärtnern, dieses Wunder zu vollbringen: Er wollte in seinen Gärten Früchte haben, die immer reif und wohlschmeckend sind und nie verderben, ganz so, wie in den Gärten der Feen.

Also tat man der Natur Gewalt an: Man baute Gewächshäuser, legte Frühbeete, Rabatten und Wäldchen an, errichtete Statuen, schuf ein Labyrinth, eine Orangerie, Brunnen und Wasserbecken, in deren Spiegel sich der Himmel und der König in all ihrer Pracht bewundern konnten.

Man ließ köstliche Früchte aus aller Herren Länder kommen.

»Die Gartenkunst ist die Kunst, die Zeit zu kultivieren«, dachte der König. Er war so zufrieden, dass er eigenhändig ein Buch verfasste, um den Höflingen des Landes den Garten zu erklären:

»Man wähle von der Orangerie aus die rechte Auffahrt und gehe durch den Orangenhain, geradewegs bis zu dem großen Brunnen, von dem aus man einen herrlichen Blick auf die Orangerie hat. Über die von großen Orangenbäumen gesäumten Alleen erreicht man die geschlossene Orangerie. Man verläßt den Garten durch den Vorhof des Labyrinths.«

So sprach der König.

Seine Köche mussten lernen, die neuen Früchte und Gemüsesorten zuzubereiten. Es kamen süße Limen, Limetten, Adamsäpfel und Herzpfirsiche auf den Tisch.

Auf dem Wasser wurden Imbisse gereicht, in kühlen Grotten Buffets angerichtet oder man lud zu »Zwielicht-Diners« in der Abenddämmerung. Große Tafeln wurden gedeckt, und der Schein der Kerzen brach sich in den Spiegeln. Die Tische waren beladen mit frischen Früchten, Schalen mit Gebäck und kandierten Orangen standen neben gebratenen Täubchen und Wachteln, bunten Pastetchen, Schnepfenterrinen, Mandeltörtchen und Salat von frischen Gartenkräutern.

Es wurden Rezeptbücher verfasst, deren köstliche und pikante Worte auf der Zunge zergingen. Die Früchte hatten betörende Namen: die Birne mit den drei Geschmäckern, der Mundwässrigmacher, die Belissima, der Damenschenkel, der trügerische Schelm, der hübsche Pfirsich, die Purpurrote, das Perdrigonpfläumchen, der taubenblaue Apfel, das Fenchelchen, das Goldäpfelchen, das rotbäckige Äpfelchen mit dem zinnoberroten Teint und der ebenmäßigen Haut, die nie welkt und von stets gleichbleibender Frische ist.

Das ist kein Märchen. Diesen König gab es wirklich. Er hieß Ludwig XIV., und sein Garten befand sich in Versailles, sein Gärtner war La Quintinie und sein erster Bevollmächtigter für den Bereich der königlichen Bauwerke Charles Perrault.

Der Mann, der durch die *Märchen meiner Mutter Gans* bekannt wurde, entwarf auch das Labyrinth.

Der Sonnenkönig wollte Versailles in ein Paradies auf Erden verwandeln – auf Persisch bedeutet dieses Wort »von Mauern eingezäunter Obstgarten«. Hier sollte es ebenso schön sein wie im der Garten der Hesperiden, ebenso betörend wie im Garten Eden und so köstlich wie im Garten der Feen. Der eitle Wunsch eines Königs, der davon träumte, die Natur zu beherrschen. Doch die Natur legt keine Gärten an.

Das wissen auch die Feen. Ihnen gefallen weder jene anmaßenden, schnurgeraden Alleen, noch die geometrischen Beete, deren Blumen durch den ständigen Schnitt verstümmelt sind, denn all dies verbirgt nur die wahre Natur. Sie ziehen die wild wachsenden Gärten vor, in denen sie sich nach Herzenslust vom Pollen der Blüten, vom Nektar der Früchte und vom Saft der Bäume nähren können.

Und auch die Kinder, die mit der Weisheit der Märchen groß geworden sind, wissen das. In jenen Geschichten, in denen im Garten alle Gesetze aufgehoben und geheimnisvolle Wandlungen möglich sind, finden sie zu einer Identität. Eine kleine Bohne weist Jack den Weg zum Reichtum und ein einfacher Kürbis reicht für das Aschenputtel im Märchen *Der gläserne Schuh* aus, um zum Ball des Prinzen zu gelangen.

Der Feengarten aus *Die weiße Katze*

MADAME D'AULNOY

Die älteste Zauberin steckte die Finger in den Mund und pfiff dreimal, dann rief sie: »Aprikosen, Pfirsiche, Blutpfirsiche, Kirschen, Pflaumen, Birnen, Herzkirschen, Melonen, Muskatnüsse, Äpfel, Orangen, Zitronen, Stachelbeeren, Erdbeeren, Himbeeren folgt meiner Stimme!«

»Aber all die Früchte, die Ihr gerufen habt, reifen ja zu verschiedenen Jahreszeiten«, wandte die Königin ein.

»Für unseren Garten gilt das nicht«, sagten die Zauberinnen, »wir haben alle Früchte der Erde, sie sind immer reif, immer gut und verderben nie!«

PFIRSICHSUPPE MIT PINOT NOIR UND ZIMT

Für 6 Personen
Vorbereitungszeit: 20 Minuten
Kochzeit: 15 Minuten

1250 g Pfirsiche
200 g Zucker
200 ml Pinot noir
Saft von 1 Zitrone
2 Zimtstangen
einige feine Streifen von 1 unbehandelten Orangenschale
Zum Verzieren:
1 Orange

- Pfirsiche 1 Minute in einer Kasserolle in kochendem Wasser pochieren, anschließend in sehr kaltem Wasser abschrecken. Pfirsiche pellen und achteln.
- Pfirsichachtel, Zucker, Pinot noir, Zimtstangen Zitronensaft und Orangenschale in einer Kasserolle vermengen. Dann zum Sieden bringen, in eine Terrine geben und mit Pergamentpapier abgedeckt über Nacht kalt stellen.
- Vor dem Servieren die Suppe mit filetierten Orangenspalten dekorieren.

FEENFINGER MIT ORANGENBLÜTEN

Für etwa 35 Feenfinger (350 g Teig)
Vorbereitungszeit: 40 Minuten
Backzeit: 15 Minuten

150 g Weizenmehl
1 Prise Salz
50 g Mandeln
$1^1/_2$ TL abgeriebene Schale von 1 unbehandelten Orange
125 g weiche Butter
75 g Puderzucker
1 Eiweiss (klein)
12 Tropfen Orangenblütenwasser
Zum Verzieren:
50 g Puderzucker

- Das Mehl auf eine Arbeitsfläche sieben und eine Mulde in die Mitte drücken. Salz, gemahlene Mandeln und geriebene Orangenschale auf den Rand streuen. Butterflöckchen und Puderzucker in die Mulde geben und mit den Fingerspitzen zu einer cremigen Masse vermischen und diese leicht zwischen den Handflächen mit dem Mehl zu einer krümeligen Mischung verreiben. Mit Eiweiß und Orangenblütenwasser vorsichtig und nicht zu lange zu einem glatten Teig verkneten. In Frischhaltefolie eingewickelt 30 Minuten im Kühlschrank ruhen lassen.
- Den Teig 15 Minuten vor der Weiterverarbeitung herausnehmen, Backofen auf 160 °C (Gas Stufe 1) vorheizen. Auf einer leicht bemehlten Arbeitsfläche 3 Rollen von etwa 2 cm Durchmesser aus dem Teig formen und jede Rolle in 12 gleich große Stücke (à 15 g) teilen. Aus den Stücken wiederum etwa 5 cm lange Röllchen formen. Die Feenfinger in einem Abstand von 4 cm auf ein mit Pergamentpapier belegtes Backblech legen, damit sie gleichmäßig bräunen und nicht zusammenkleben.
- 15 Minuten backen, bis sie goldgelb sind, mit Puderzucker bestäuben und auf dem Blech abkühlen lassen.
- Das Gebäck hält sich in einer Metalldose 3 bis 4 Wochen.

Der gläserne Schuh

CHARLES PERRAULT

»Geh in den Garten und hol mir einen Kürbis!« Aschenputtel lief sogleich hinaus, nahm den schönsten Kürbis, den es finden konnte und brachte ihn seiner Patin. Wie dieser Kürbis es zum Ball bringen sollte, vermochte es nicht zu erraten. Seine Patin höhlte ihn aus und ließ nur die Schale stehen, dann berührte sie ihn mit ihrem Stab, und alsbald verwandelte sich der Kürbis in eine schöne, über und über vergoldete Kutsche.

KÜRBISSSOUFFLE MIT ZIMT UND KANDIERTEN ORANGEN

FÜR 4 PERSONEN
VORBEREITUNGSZEIT: 30 MINUTEN
BACKZEIT: 40 MINUTEN

2 GARTENKÜRBISSE
(ODER ANDERE KÜRBISSORTEN)
50 G KANDIERTE ORANGENSCHALE
200 G ZUCKER
60 G KARTOFFELSTÄRKE
6 EIGELB
6 EIWEISS
$1^1/_2$ TL GEMAHLENER ZIMT
ZUM VERZIEREN:
1 EL PUDERZUCKER

- Von einem der beiden Kürbisse den Deckel abschneiden, Fasern und Kerne entfernen und beiseite stellen. Den zweiten Kürbis vierteln und schälen, Kerne und Fasern entfernen, das Fruchtfleisch fein raspeln und beiseite stellen. Die kandierte Orangenschale in feine Würfel schneiden und ebenfalls beiseite stellen.
- In einer Schüssel 100 g Zucker, Speisestärke und Zimt vermengen. Eigelb hinzufügen und mit dem Schneebesen schlagen, bis die Mischung hellgelb und schaumig ist. Mit einem Holzlöffel vorsichtig das geraspelte Kürbisfleisch und die gewürfelte Orangenschale unterziehen.
- Backofen auf 200 °C (Gas Stufe 3) vorheizen. Die Eiweiße steif schlagen. Dabei langsam den restlichen Zucker dazugeben: Die Masse muss sehr fest sein. Den Eischnee zu der Kürbismischung geben und vorsichtig mit einem Holzlöffel unterheben, damit der Teig nicht zusammenfällt.
- Die Soufflémasse in den ausgehöhlten Kürbis geben. Den Ofen auf 180 °C (Gas Stufe 2) herunterschalten und das Soufflé etwa 40 Minuten backen, bis es aufgegangen ist und eine schöne goldgelbe Farbe hat. Mit Puderzucker bestreut heiß servieren.

Die Bienenkönigin

JACOB UND WILHELM GRIMM

Die dritte Aufgabe aber war die schwerste, aus den drei schlafenden Töchtern des Königs sollte die jüngste und die liebste herausgesucht werden. Sie glichen sich aber vollkommen und waren durch nichts verschieden, als daß sie, bevor sie eingeschlafen waren, verschiedene Süßigkeiten gegessen hatten: die älteste ein Stück Zucker, die zweite ein wenig Sirup, die jüngste einen Löffel voll Honig.

DIE JUWELEN DER BIENENKÖNIGIN

Für etwa 1 kg Schokolade
Vorbereitungszeit: 40 Minuten
Kochzeit: 15 Minuten

Für den Karamell:
250 g Zucker
125 g Butter
50 ml Wasser
100 g gehackte, geröstete Mandeln
Für die Schokolade:
150 g Bitterschokolade
(67% Kakaoanteil)
100 g kandierte Orangenschale
100 g kandierte Zitronenschale
100 g kandierte Engelwurzstängel
100 g kandierte Kirschen

- Für den Karamell in einer schweren Kasserolle unter ständigem Rühren mit einem Holzspachtel Zucker, Butter und Wasser aufkochen, bis der Karamell schaumig und cremefarben ist. Vorsichtig unter Rühren weiter kochen, bis er eine hellbraune Farbe annimmt. Von der Kochstelle nehmen und kurz weiterrühren, dann schnell mit einem Metallspachtel in einer dünnen Schicht auf ein mit Pergamentpapier ausgelegtes Blech streichen. Sofort mit den Mandeln bestreuen und diese vorsichtig mit der Handfläche eindrücken.
- Ist die Karamellschicht erkaltet und ausgehärtet, wird sie umgedreht.
- Schokolade (sie soll Zimmertemperatur haben) in ein Schälchen reiben. Wasser in einer Kasserolle erhitzen, sobald es kocht, von der Feuerstelle nehmen, und das Schälchen mit der geriebenen Schokolade hineinstellen. Vorsichtig mit einem Holzspachtel umrühren, bis die Schokolade ganz geschmolzen ist und eine Temperatur von 40 °C erreicht hat (Temperatur mit einem Thermometer kontrollieren). Das Schälchen in eine größere, mit Eiswürfeln gefüllte Schale stellen und weiter vom Rand zur Mitte rühren, bis die Schokolade auf 28 °C abgekühlt ist. Die Schokolade im Wasserbad wieder auf 31 bis 32 °C erhitzen (Die verschiedenen Temperaturstufen sind wichtig, damit die Schokolade glänzend und knusprig wird, die Zimmertemperatur sollte nicht über 22 °C liegen).
- Die warme Schokolade sofort auf den kalten Karamell streichen, kandierte, gewürfelte Orangen- und Zitronenschale, die in feine Streifen geschnittenen Engelwurzstängel und die geviertelten Kirschen auf der noch weichen Schokoladenschicht verteilen und leicht andrücken, so dass die kandierten Früchte ein buntes Mosaik ergeben.
- 20 Minuten kühl stellen (18 °C), dann in kleine, unregelmäßige Stücke brechen.

BIENENWABEN

Für 6 Personen (500 g Teig)
Vorbereitungszeit: 50 Minuten
Backzeit: 35 Minuten

250 g Weizenmehl
15 g Bäckerhefe
100 ml kalte Milch
$1\frac{1}{2}$ TL Salz
30 g Zucker
1 Ei
65 g weiche Butter
Zum Backen:
1 Ei (klein)
Für die Bienenwaben:
50 g Sahne
1 gehäufter EL Blütenhonig
2 gestrichene EL Zucker
1 EL Butter
50 g geschälte Mandeln
Zum Verzieren:
kandierte Orangen- und Zitronenschale
1 Blatt Matzen
Für die Form:
2 EL Butter
2 EL Weizenmehl

- 50 g Mehl in eine Schüssel sieben, Hefe und Milch dazugeben und vermengen. Den Vorteig mit Frischhaltefolie abdecken und 15 Minuten bei Zimmertemperatur (22 °C) gehen lassen.
- 200 g Mehl auf eine Arbeitsfläche sieben, eine Mulde in die Mitte drücken und Salz und Zucker auf den Rand streuen. Den Vorteig und das Ei in die Mulde geben und nach und nach das Mehl unterarbeiten. Den Teig 10 Minuten kräftig kneten, bis er nicht mehr an den Fingern klebt.
- Weiche Butter unterkneten und den Teig so lange kneten, bis er sich leicht von den Fingern löst.
- Den elastischen, glänzenden Teig zu einer Kugel formen und mit einem Tuch abgedeckt 1 Stunde bei Zimmertemperatur gehen lassen. Hat der Teig die doppelte Größe erreicht, kurz zwischen den Händen kneten, wieder abdecken und weitere 20 Minuten bei Zimmertemperatur gehen lassen. (Der Teig kann auch am Vortag zubereitet werden, in diesem Fall wird er in einer großen, mit Frischhaltefolie abgedeckten Schüssel im Kühlschrank aufbewahrt und 20 Minuten vor dem Weiterverarbeiten herausgenommen.)
- Den Teig auf einer leicht bemehlten Arbeitsfläche zu einem Kreis von 22 cm Durchmesser ausrollen und in eine gebutterte, leicht mit Mehl bestäubte Form von entsprechender Größe legen. In der Mitte einen Kreis von 10 cm Durchmesser ausschneiden und aus dem Teigring heben. Dieses Teigstück etwas dünner ausrollen und in 1 cm breite Streifen schneiden, die kreuzförmig über den Teigring gelegt werden. Mit einem Tuch abgedeckt 1 Stunde und 30 Minuten bei Zimmertemperatur gehen lassen.
- Backofen auf 200 °C (Gas Stufe 3) vorheizen. Den Kranz mit dem verschlagenen Ei bepinseln und in dem auf 180 °C (Gas Stufe 2) heruntergeschalteten Ofen etwa 30 Minuten backen.
- Für die Bienenwaben in einer Kasserolle Sahne, Honig, Zucker und Butter auf eine Temperatur von 110 °C erhitzen (mit dem Thermometer kontrollieren). Von der Kochstelle nehmen, die gehobelten Mandeln dazugeben und vermischen.
- Den Hefekranz, sobald er goldgelb gebacken ist, mit der Wabenmischung überziehen und noch einmal 10 Minuten backen, bis er schön aufgegangen ist und die Bienenwaben knusprig und leicht karamellisiert sind. Auf einem Tortengitter auskühlen lassen und mit kleinen, aus feinen Streifen kandierter Orangen- und Zitronenschale hergestellten Bienen dekorieren. Die Flügel werden aus Matzen gemacht.

Die Henne mit dem goldenen Ei

aus *Jack und die Bohnenranke*

J. JACOBS

»Guten Morgen, Mütterchen«, sagte Jack keck wie ein Spatz, »wollt Ihr nicht so freundlich sein und mir etwas zu essen geben?«

»Lauf weg, mein Junge«, sagte die riesengroße Frau, »oder mein Mann ißt dich zum Frühstück. Aber bist du nicht der Bursche, der schon einmal hier war? Weißt du, gerade seit jenem Tag vermißt mein Mann einen seiner Goldsäcke.«

»Das ist sonderbar, Mütterchen«, sagte Jack. »Ich glaube beinah, ich könnte Euch davon etwas erzählen. Aber ich bin so hungrig, ich bringe kein Wort mehr heraus, ehe ich nicht etwas zu essen bekommen habe.«

Nun war aber diese riesengroße Frau so neugierig, daß sie ihn mit hinein nahm und ihm etwas zu essen gab. Aber kaum hatte er angefangen, so langsam er nur konnte, zu kauen, als sie bum bum bum die Schritte des Ogers hörten, und seine Frau versteckte Jack im Ofen. Alles geschah so wie das erste Mal: Der Oger kam herein, sagte sein »Fi Fei Fo Fann« und aß zum Frühstück drei gebratene Ochsen. Dann sagte er:

»Frau, bring mir die Henne her, die die goldenen Eier legt.« Sie brachte die Henne herein, und der Oger sagte: »Lege!«, und sie legte ein goldenes Ei. Dann sank dem Oger der Kopf auf die Brust, und er schnarchte, daß das Haus wackelte.

Schnell kroch Jack auf Zehenspitzen aus dem Ofen, nahm die Henne unter den Arm, und war zur Tür hinaus, ehe man bis drei zählen konnte.

Aber da gackerte die Henne und der Oger erwachte.

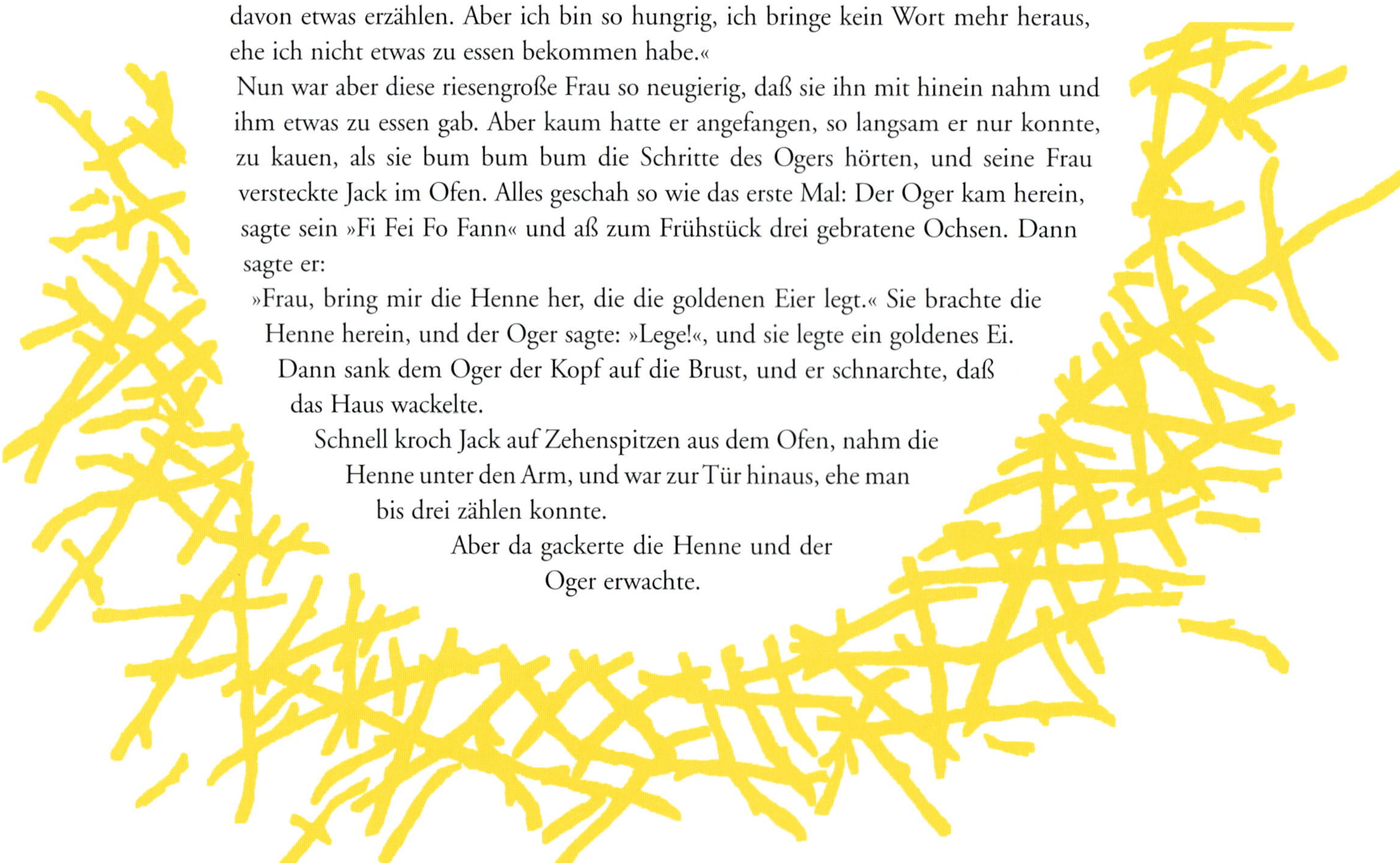

DIE HENNE MIT DEN GOLDENEN EIERN

Für 10 Personen
Vorbereitungszeit: 1 Stunde 30 Minuten
Kochzeit: 4 Stunden

2 kleine Kapaune à 2,5 kg
(entbeint 1,2 kg) mit Lebern
100 ml Cognac
1 TL geriebene Muskatnuss
1½ TL gemahlener Zimt
1½ TL Nelken
1½ TL Pfeffer
1 grosse Zwiebel
1 Bund glatte Petersilie
30 g Butter
50 ml Wasser
150 g Bauchspeck
200 g Brät (beim Metzger)
Salz
2 kg Blätterteig
(beim Bäcker oder tiefgekühlt)
Für die Beilage:
6 grosse Kartoffeln (möglichst oval)
40 g Butter
2 EL Erdnussöl
Salz und Pfeffer aus der Mühle
Zum Backen:
1 Ei (klein)

- Am Vortag das Geflügel vom Metzger ausnehmen, abflämmen und entbeinen lassen. Einen Kapaun häuten, entfetten und das Fleisch in kleine, dünne Scheiben schneiden. Diese mit Cognac beträufeln, mit Muskat, Zimt, Nelken und Pfeffer bestreuen und 3 Stunden ziehen lassen.
- Zwiebel schälen und in dünne Scheiben schneiden. Petersilie abspülen und fein hacken, dann Zwiebelscheiben und Petersilie bei geschlossenem Deckel in Butter und Wasser andünsten.
- Bauchspeck und Geflügelleber sehr fein würfeln, das Brät, die marinierten Fleischscheiben und die Zwiebel-Petersilien-Mischung hinzu fügen, salzen, pfeffern und gut vermengen.

- Backofen auf 180 °C (Gas Stufe 2) vorheizen. Den zweiten Kapaun mit der Mischung füllen und zunähen. In einer großen Reine 2 bis 3 Stunden braten. Abkühlen lassen und bis zum nächsten Tag im Kühlschrank aufbewahren.
- Am Zubereitungstag das Geflügel 2 Stunden bevor es in den Teig gehüllt wird, aus dem Kühlschrank nehmen und vorsichtig die Fäden entfernen.
- Auf einer leicht bemehlten Arbeitsplatte den Blätterteig 3 mm dick ausrollen, den Kapaun darin einwickeln und den Teig auf der Unterseite gut übereinanderschlagen. Mit Teigbändern verzieren und 15 Minuten bei Zimmertemperatur ruhen lassen.
- Backofen auf 200 °C (Gas Stufe 3) vorheizen. Den Teig mit dem verschlagenen Ei bepinseln. Den Backofen auf 180 °C (Gas Stufe 2) herunterschalten und das Geflügel 2 Stunden backen.
- Den Kartoffeln beim Schälen eine Eiform geben und in 2 cm dicke Scheiben schneiden. In einer Pfanne 20 g Butter und Öl erhitzen und die Kartoffelscheiben von jeder Seite anbraten. Wenn sie goldgelb sind, in eine Auflaufform legen, mit Butterflöckchen bestreuen, salzen und pfeffern. 20 Minuten im Ofen backen und mit dem Kapaun servieren.

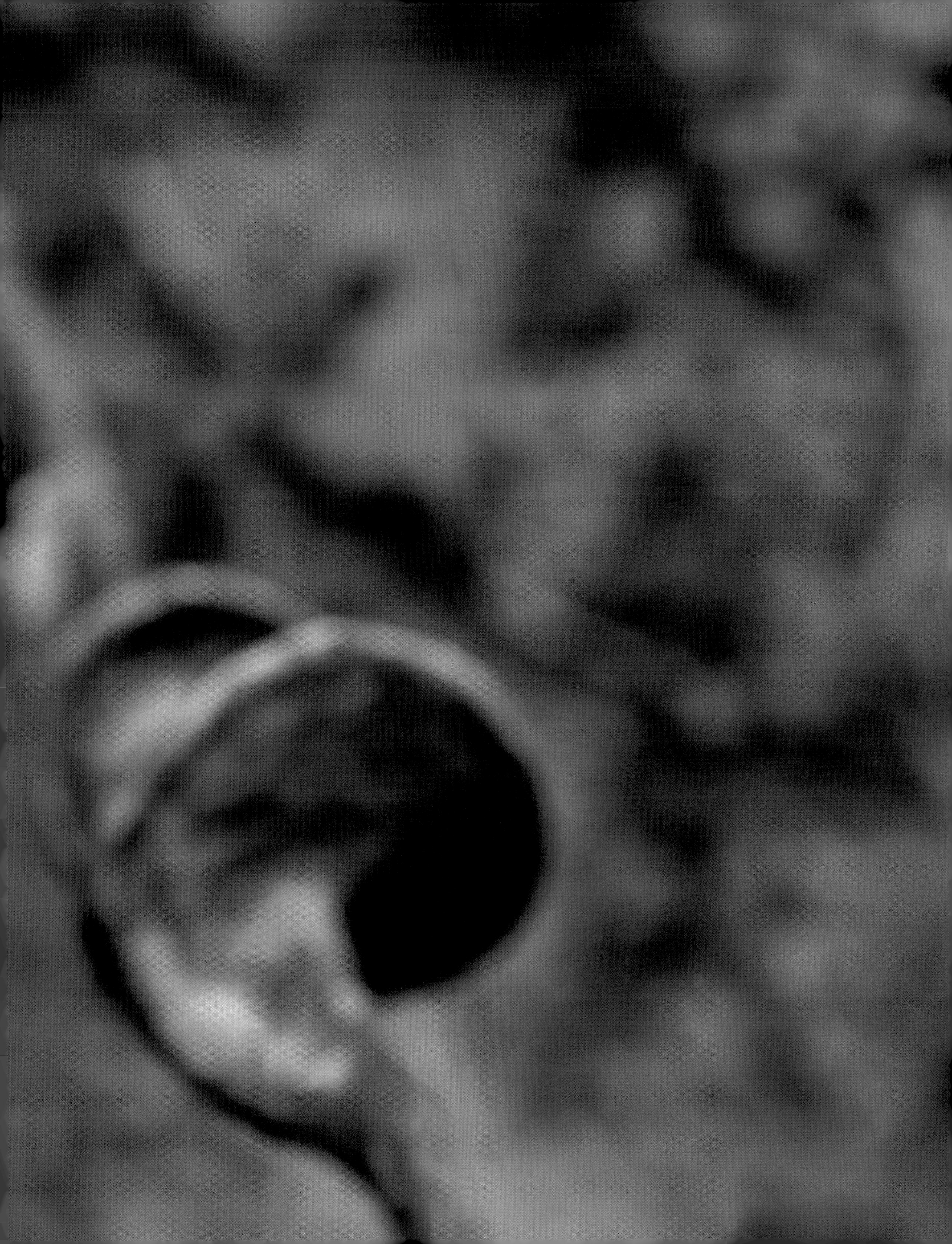

IM MÄRCHENWALD

Nun war das arme Kind in dem großen Wald mutterseelen allein, und es ward ihm so angst, daß es alle Blätter an den Bäumen ansah und nicht wußte, wie es sich helfen sollte. Da fing es an zu laufen und lief über die spitzen Steine und durch die Dornen, und die wilden Tiere sprangen an ihm vorbei, aber sie taten ihm nichts.

(JACOB UND WILHELM GRIMM, *Schneewittchen*)

SOBALD UNSERE HELDEN DAS HAUS VERLASSEN, BEFINDEN SIE SICH IM WALD.

In den Märchen stehen Häuser und Hütten fast immer am Waldrand. Und in den meisten Fällen spielt sich die Geschichte auch in diesem »Tempel aus Bäumen« ab.

Vor einigen Jahrhunderten war der größte Teil Europas bewaldet, und diese Wälder waren ein schier undurchdringliches Labyrinth. Räuber und wilde Tiere – es kursierten ebenso viele Legenden wie es wahre Gefahren zu bestehen galt.

Den Märchenhelden scheint der Wald zunächst gastlich, sie fühlen sich behütet und sicher und ernähren sich nach Belieben von wilden Früchten und Beeren, die am Wegesrand wachsen. Der Wald ist das Reich der Sammler.

Rotkäppchen durchwandert ihn mit seinem Korb am Arm. In der Ferne hört man die lauten Schläge eines Holzfällers. An seiner Seite bündeln sieben Kinder Reisig. Der Jüngste heißt Däumling und kennt keine Furcht. Seine Taschen sind mit kleinen weißen Kieseln gefüllt, so wird er ohne Mühe den Weg nach Hause zurück finden. Die Sonne steht hoch am Himmel, die Luft ist lau, und der Wald summt vor tausend Geräuschen. Das Tiervölkchen geht seiner Beschäftigung nach.

Man sagt, der Wald sei der Zufluchtsort der Kobolde und Elfen, der Eremiten und der guten Feen, die in den Bäumen wohnen. Man sagt auch, im verborgensten Winkel des Waldes lebe ein Einhorn.

»Gehen wir im Wald spazieren, solange der Wolf nicht da ist.«

»Wolf, hörst du mich? Hörst du mich?«

Nein, der Wolf ist nicht da. Und er wird auch nicht kommen.

Plötzlich tut sich die Erde auf, und man sieht Köche und Küchenjungen, die ein wundervolles Festmahl vorbereiten. Es ist für die Hochzeit von Riquet mit dem Schopf.

Der Wald wird zur nährenden Mutter. Eine alte Frau bietet ein unfehlbares Mittel gegen den Hunger: ein Töpfchen mit einem köstlichen süßen Brei, das nie leer wird. Das ständig gefüllte Töpfchen, Wunderhorn des Überflusses.

»Gehen wir im Wald spazieren, solange …«

Aber da ist plötzlich der Wolf. Wissen unsere sorglosen Helden nicht, dass man im Wald nie das Wort »Wolf« aussprechen darf? Ebenso wie man nie vom Tod sprechen darf. Wer vom Wolf spricht, der ruft ihn. In manchen Gegenden Frankreichs war es

früher verboten, seinen Namen zwischen Weihnachten und dem Dreikönigsfest auszusprechen. Zunächst gibt sich der Wolf leutselig. Doch die Märchen lehren uns, den schönen Worten nicht zu trauen. Über den Bäumen lastet Angst. Die Sonne geht unter, Nebel steigt auf. Beim zweiten Mal findet Däumling den Heimweg nicht mehr. Die Vögel haben die Brotkrumen aufgepickt. Seine Brüder und er weinen bitterlich. Werden sie das Haus ihrer Eltern je wiedersehen? »Vater, Mutter, warum habt ihr uns allein gelassen?«

Die Nacht verschlingt den Wald. Im Dickicht erahnt man Schatten und wilde Tiere.

Man sagt, in der Dunkelheit kämen die Drachen und Trolle aus ihrem Versteck, Hexen und Riesen lebten nicht weit von hier. Oder Jäger kämen, um die Kinder auf Befehl ihres Herrn töten. Däumling steigt auf einen hohen Baum, es ist der Baum des Lebens, der sich im Herzen des Märchens erhebt, um zu sehen, ob er nicht irgend etwas entdecken könnte. »Als er den Kopf in alle Richtungen drehte, sah er einen kleinen Lichtschein wie von einer Kerze, doch kam er von weit hinter dem Wald her.«

In anderen Märchen erblickt der Held ein Haus oder ein Schloss oder auch nur Rauch, der aus einem Schornstein aufsteigt.

Natürlich handelt es sich nicht um das Haus der Eltern, denn nach Hause kann man nicht zurück! Wer zurückgehen und umkehren will, müsste sich »durchfressen«.

Rotkäppchen

CHARLES PERRAULT

Es war einmal ein kleines Dorfmädchen, das war so hübsch, wie man es sich nur denken kann; seine Mutter liebte es abgöttisch und seine Großmutter gar noch mehr. Die gute Frau ließ ihm ein rotes Käppchen machen, und das stand ihm gar so gut, daß man es allenthalben Rotkäppchen nannte. Eines Tages, als die Mutter Brot und einige Kuchen gebacken hatte, sprach sie zu ihm: »Lauf und sieh, wie es deiner Großmutter geht, denn ich habe gehört, daß sie krank ist; bring ihr einen Kuchen und dieses Töpfchen Butter.« Rotkäppchen brach alsbald auf, um seine Großmutter zu besuchen, die in einem anderen Dorf wohnte. Als es durch den Wald kam, begegnete es Gevatter Wolf, der recht Lust hatte, es zu fressen, doch er traute sich nicht, da ein paar Holzfäller im Wald arbeiteten. [...] »Großmutter, was habt Ihr für große Zähne!« – »Damit ich dich fressen kann.« Mit diesen Worten stürzte sich der Wolf auf Rotkäppchen und fraß es auf.

GROSSMUTTERS BUTTERKEKSE

FÜR ETWA 20 KEKSE (275 G TEIG)
VORBEREITUNGSZEIT: 40 MINUTEN
BACKZEIT: 10 MINUTEN

100 G WEIZENMEHL
1 1/2 EL GEMAHLENE MANDELN
1 PRISE BACKPULVER
50 G WEICHE BUTTER
50 G ZUCKER
2 1/2 EL MILCH
ZUM BACKEN:
1 EI (KLEIN)

- Mehl auf eine Arbeitsfläche sieben. Eine Mulde in die Mitte drücken, Mandeln und Backpulver auf den Rand streuen. Butterflöckchen und Zucker in die Mulde geben, mit den Fingerspitzen zu einer cremigen Masse verkneten und diese leicht zwischen den Handflächen mit dem Mehl zu einer krümeligen Mischung verreiben. Wieder eine Mulde in die Mitte drücken, die Milch hineingeben und vorsichtig verkneten. Den Teig zu einer Kugel formen und in Frischhaltefolie gewickelt 1 Stunde im Kühlschrank ruhen lassen.
- 5 Minuten vor der Weiterverarbeitung den Teig aus dem Kühlschrank nehmen. Auf einer leicht bemehlten Arbeitsfläche 3 mm dick ausrollen. Mit einem gewellten Förmchen Plätzchen von etwa 6 cm Durchmesser ausstechen und in einem Abstand von 4 cm auf ein mit Pergamentpapier belegtes Blech legen, damit sie nicht zusammenkleben und der Backvorgang gleichmäßig ist.
- Den Backofen auf 180 °C (Gas Stufe 2) vorheizen und die Kekse mit verschlagenem Ei bepinseln. Die erste Schicht leicht einziehen lassen und mit einer zweiten überziehen. Die Kekse etwa 10 Minuten backen, bis sie goldgelb sind, herausnehmen und auf einem Tortengitter auskühlen lassen.
- Aus derselben Teigmenge kann man auch mehrere flache Kuchen herstellen, in diesem Fall muss die Backzeit etwas verlängert werden.

WALDBEEREN-KONFITÜRE

Für 7 Gläser à 220 g
Vorbereitungszeit: 10 Minuten
Kochzeit: 20 Minuten

500 g Waldbrombeeren
600 g Waldhimbeeren
800 g grober Zucker
Saft von 1 Zitrone
1 TL gemahlener Sternanis

- Früchte kurz abspülen und abtropfen lassen. Die Himbeeren durch die feine Scheibe einer Gemüsemühle drehen, damit die Kerne zurückbleiben.
- In einem Konfitüretopf Brombeeren und Himbeermark mit Zucker, Zitronensaft und dem gemahlenen Sternanis vermengen. Aufkochen lassen, dabei vorsichtig mit einem Holzspachtel umrühren. Unter ständigem Rühren 10 Minuten kochen lassen und sorgfältig abschäumen.
- Abermals kurz aufkochen lassen und die Gelierprobe machen. Sofort in Gläser füllen und verschließen.

WOLFSZÄHNE MIT ANIS

Für etwa 25 Kekse (245 g Teig)
Vorbereitungszeit: 20 Minuten
Backzeit: 8 Minuten

100 g Zucker
1 Eiweiss
100 g Weizenmehl
1 TL grüne Anissamen

- Am Vortag den Teig zubereiten: Zucker und Eiweiß steif schlagen. Mehl auf einen Bogen Pergamentpapier sieben, Anissamen auf das Mehl geben, nach und nach über den Eischnee streuen und vorsichtig mit einem Holzspachtel unterziehen. Den weichen Teig in eine mit Mehl bestäubte Schüssel geben und mit Frischhaltefolie abgedeckt über Nacht im Kühlschrank ruhen lassen.
- Am Tag der Zubereitung den Teig auf einer leicht bemehlten Arbeitsplatte 5 mm dick ausrollen und in 5 cm breite Streifen schneiden. Die Streifen in Dreiecke (schmale Seite etwa 3 cm) schneiden und die Spitze leicht biegen.
- Das Gebäck im Abstand von 3 cm auf ein mit Pergamentpapier belegtes Blech legen, damit es gut trocknen und gleichmäßig backen kann. 12 Stunden trocknen lassen.
- Backofen auf 180 °C (Gas Stufe 2) vorheizen. Wolfszähne etwa 8 Minuten backen: Sie sollen glatt und sehr weiß bleiben und gleichmäßig aufgehen. Auf einem Tortengitter auskühlen lassen.
- Diese knusprigen Kekse kann man 1 Monat in einer Metalldose aufbewahren.

Der kleine Däumling

CHARLES PERRAULT

Da kam ein sehr schlechtes Jahr, und es trat eine so große Hungersnot ein, daß die armen Leute beschlossen, sich von ihren Kindern zu trennen.

Eines Abends, als die Kinder schliefen und der Holzfäller mit seiner Frau am Feuer saß, sagte er zu ihr, und sein Herz wollte ihm vor Schmerz zerspringen: »Du siehst ja, daß wir unsere Kinder nicht mehr ernähren können; ich kann nicht zuschauen, wie sie vor meinen Augen vor Hunger sterben, und ich bin entschlossen, sie morgen im Wald auszusetzen. Das wird ganz einfach sein, denn während sie sich die Zeit damit vertreiben, das Reisig zu bündeln, brauchen wie uns nur davonzumachen, ohne daß sie uns sehen.«

[...] Der kleine Däumling hörte alles, was sie sagten, denn als er in seinem Bett lag und sie in so ernstem Ton sprechen hörte, war er leise aufgestanden und hatte sich unter den Schemel seines Vaters geschlichen, um ungesehen lauschen zu können. Er legte sich wieder zu Bett und verbrachte den Rest der Nacht schlaflos und grübelte darüber nach, was er tun sollte. Früh am Morgen stand er auf, lief zum Bach, fülle seine Taschen mit den kleinen weißen Kieselsteinen, die am Ufer lagen, und kehrte nach Hause zurück.

[...] Da wußte er nicht, was er tun sollte, aber als die Holzfällerin einem jeden von ihnen ein Stück Brot für das Mittagsmahl gab, kam ihm der Gedanke, daß er das Brot anstelle der Kieselsteine nehmen und in Krümeln auf die Wege streuen könnte, die sie gehen würden; und so steckte er es in die Tasche. Vater und Mutter führten sie an eine Stelle im Wald, die besonders dicht und finster war; kaum waren sie dort angekommen, eilten sie auf einem versteckten Weg davon und ließen sie allein zurück.

Der kleine Däumling machte sich darüber keine Sorgen, denn er glaubte, daß er leicht den Heimweg finden könnte, hatte er doch den ganzen Weg entlang sein Brot gestreut. Aber er erlebte eine böse Überraschung, als er nicht eine Brotkrume wiederfinden konnte; die Vögel waren gekommen und hatten sie alle aufgepickt.

WEISSE KIESEL-DRAGEES

FÜR 30 KIESEL À 15 G
VORBEREITUNGSZEIT: 30 MINUTEN

300 G MARZIPANROHMASSE
30 GRÜNE ANISSAMEN
FÜR DEN ZUCKERGUSS:
100 G PUDERZUCKER
1 EIWEISS
SAFT VON 1/2 ZITRONE

- Die Marzipanrohmasse in 3 gleich große Teile schneiden, jedes zu einer 10 cm langen Rolle formen und diese in jeweils 10 kleine Stücke schneiden. In die Mitte jedes Stücks einen Anissamen drücken und zu einer Kugel rollen.
- Für den Zuckerguss Puderzucker und Eiweiß steif schlagen, dabei den Zitronensaft in dünnem Strahl zugeben. Das ergibt eine weiche Baisermasse.
- Die Marzipankugeln auf eine Gabel spießen und mit der Baisermasse überziehen. Auf ein mit Pergamentpapier belegtes Blech legen und bei Zimmertemperatur bis zum nächsten Tag trocknen lassen. Ist der Zuckerüberzug trocken, ist er knusprig und hält das Marzipan frisch.

EIERKUCHEN

Für 3 Personen (270 g Eierkuchenteig)
Vorbereitungszeit: 10 Minuten
Backzeit: 4–5 Minuten

60 g Weizenmehl
100 ml Milch
2 Eier
2 EL fein gehackter Schnittlauch
Salz
Pfeffer aus der Mühle
2 EL Erdnussöl

- In einer Schüssel mit dem Schneebesen Mehl und Milch verquirlen, dann Eier und Schnittlauch dazugeben, salzen und pfeffern. Öl in einer beschichteten Pfanne von 22 cm Durchmesser erhitzen, ein Drittel des Teigs hineingeben und bei milder Hitze goldgelb backen. Wenn sich der Pfannkuchen leicht vom Pfannenboden lösen lässt, mit Hilfe eines Holzspachtels umdrehen, und von der anderen Seite bei milder Hitze 2 bis 3 Minuten backen.
- Pfannkuchen sofort servieren, dazu wird ein knackiger Salat mit einem hart gekochten, fein gehackten Ei und gehacktem Schnittlauch gereicht.
- Will man die Pfannkuchen süß servieren, fügt man fein gewürfelte Äpfel hinzu und verwendet statt Salz und Pfeffer Zucker.

ARMER-RITTER-GEWÜRZSCHNITTEN

Für 6 Personen
Vorbereitungszeit: 20 Minuten
Backzeit: 15 Minuten

125 g Crème fraîche
$^1/_8$ l Milch
2 Eier
2 Eigelb
50 g Zucker
$^1/_2$ TL abgeriebene Schale von
1 unbehandelten Orange
1 Msp. gemahlener Kardamom
1 Msp. gemahlener Zimt
1 Msp. gemahlener Sternanis
2 EL Butter
2 EL Erdnussöl
1 altbackener Hefestuten
oder Weissbrot (350 g)

- In einer Schüssel Crème fraîche, Milch, Eier, Eigelb, Zucker, abgeriebene Orangenschale und Gewürze einige Minuten mit dem Schneebesen verschlagen. Die Mischung in eine große, flache Schüssel geben, das Brot in Scheiben schneiden und diese in der Mischung wenden, bis sie sich vollgesogen haben.
- Backofen auf 180 °C (Gas Stufe 2) vorheizen. Butter und Öl in einer beschichteten Pfanne erhitzen und die Brotscheiben bei milder Hitze von beiden Seiten anbraten.
- Brotscheiben in eine Auflaufform legen und 8 Minuten im Ofen weiterbacken, bis sie knusprig sind. Lauwarm mit Vanillecreme oder einer Konfitüre von roten Beeren servieren.

Riquet mit dem Schopf

CHARLES PERRAULT

Zufällig ging sie in eben dem Wald spazieren, in dem sie Riquet mit dem Schopf getroffen hatte, um ungestörter darüber nachzudenken, was sie tun sollte. Während sie sich tief in Gedanken versunken erging, vernahm sie ein dumpfes Geräusch unter ihren Füßen, so als ob dort mehrere Leute geschäftig hin und her eilten und arbeiteten. Als sie genauer hinhörte, vernahm sie, wie einer sagte: »Bring mir diesen Topf«, und ein anderer: »Gib mir diesen Kessel!«, und wieder ein anderer: »Leg Holz aufs Feuer!« Dann tat sich die Erde auf, und sie gewahrte unter ihren Füßen etwas wie eine große Küche voll von Köchen, Küchenjungen und jeglicher Art von Bediensteten, die zur Vorbereitung eines großen Festmahl notwendig sind. Es kam eine Gruppe von zwanzig oder dreißig Garköchen heraus, die sich in einer Allee des Waldes rund um eine sehr lange Tafel niederließen und, die Spicknadel in der Hand und einen Fuchsschwanz über dem Ohr, im Rhythmus eines wohlklingenden Liedes zu arbeiten begannen. Die Prinzessin war erstaunt und fragte, für wen sie arbeiteten. »Gnädiges Fräulein«, entgegnete ihr der Ansehnlichste der Gruppe, »für den Prinzen Riquet mit dem Schopf; seine Hochzeit soll morgen gefeiert werden.«

RIQUETS HOCHZEITSKUCHEN

FÜR 16 PERSONEN (220 G BISKUITTEIG)
VORBEREITUNGSZEIT: 1 STUNDE 30 MINUTEN
BACKZEIT: 40 MINUTEN

250 G WEIZENMEHL
360 G GEMAHLENE MANDELN
450 G BUTTER
450 G ZUCKER
2 EIER
12 EIGELB
12 EIWEISS
300 G KANDIERTE APRIKOSEN MIT MANDELN
(SIEHE GUGELHUPF, SEITE 114)
FÜR DIE FORM:
40 G BUTTER
40 G WEIZENMEHL
ZUM VERZIEREN:
100 G APFELGELEE
50 G PUDERZUCKER
600 G MARZIPANROHMASSE
FÜR DEN ZUCKERGUSS:
200 G PUDERZUCKER
1 EIWEISS (GROSS)
SAFT VON $1/2$ ZITRONE

- Backofen auf 180 °C (Gas Stufe 2) vorheizen. Zwei Tortenformen mit hohem Rand oder Briocheformen von 20 cm und 30 cm Durchmesser ausfetten. Sobald die Butter hart ist, leicht mit Mehl bestäuben.

- Mehl durchsieben und mit den Mandeln vermengen. In der Rührschüssel der Küchenmaschine oder mit dem Handrührgerät die Butter cremig rühren.
- In einer Schüssel Eier, Eigelb und 300 g Zucker mit einem Handrührer schlagen, bis die Masse hellgelb und schaumig ist. Die Butter unterrühren und beiseite stellen.
- Die Eiweiße zu steifem Schnee schlagen, dabei langsam den restlichen Zucker einrieseln lassen. Ein Drittel unter die Butter-Eier-Mischung ziehen und die Mehl-Mandel-Mischung vorsichtig mit einem Holzlöffel einrühren. Dann den restlichen Eischnee unterheben, ohne dass er zusammenfällt.

- Den Biskuitteig in die vorbereiteten Formen füllen und etwa 40 Minuten backen, bis er aufgegangen ist und eine goldgelbe Farbe hat. Die Kuchen sind fertig, wenn beim Anstechen mit dem Messer die Klinge beim Herausziehen sauber bleibt. Stürzen und auf einem Tortengitter auskühlen lassen.

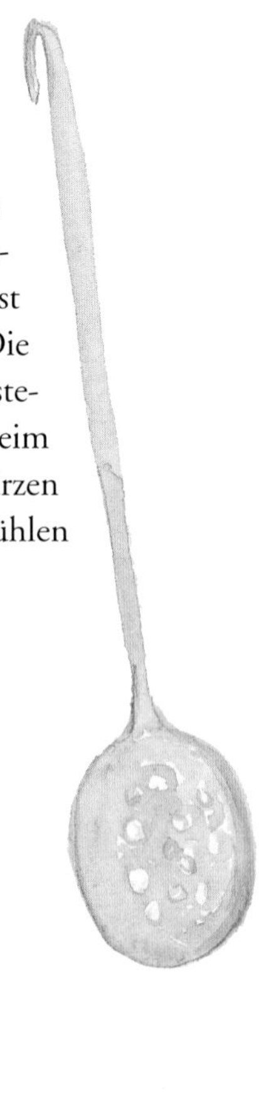

- Kuchen waagerecht in zwei gleich große Teile schneiden. Jeweils die untere Hälfte mit der kandierten Aprikosen-Mandel-Mischung bestreichen und die andere Hälfte darauf setzen.
- In einer kleinen Kasserolle bei milder Hitze den Apfelgelee erwärmen und die zusammengesetzten Kuchen damit bestreichen.
- Etwas Puderzucker auf die Arbeitsfläche sieben und die Marzipanrohmasse darauf zu zwei Kreisen ausrollen (28 cm und 38 cm Durchmesser) und die entsprechenden Kuchen damit umhüllen.
- Den größeren Biskuit auf eine Kuchenplatte legen und den kleineren darauf setzen.
- Für den Zuckerguss Puderzucker und Eiweiß steif schlagen, dabei in dünnem Strahl den Zitronensaft hinzu fügen. Die Baisermasse muss sehr fest sein.
- Den überstehenden Marzipankreis am Unterrand jedes Kuchens zu einer Kordel drehen. Den Zuckerguss in einen Spritzbeutel (glatte Tülle) geben und den Kuchen damit verzieren.
- Der Hochzeitskuchen wird mit einer Vanillecreme serviert.

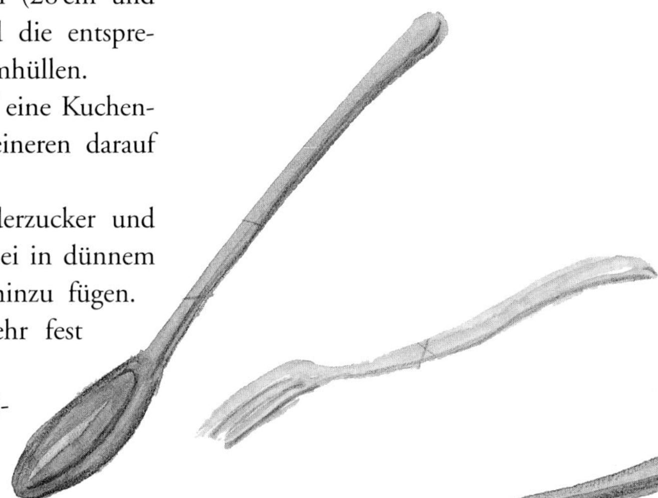

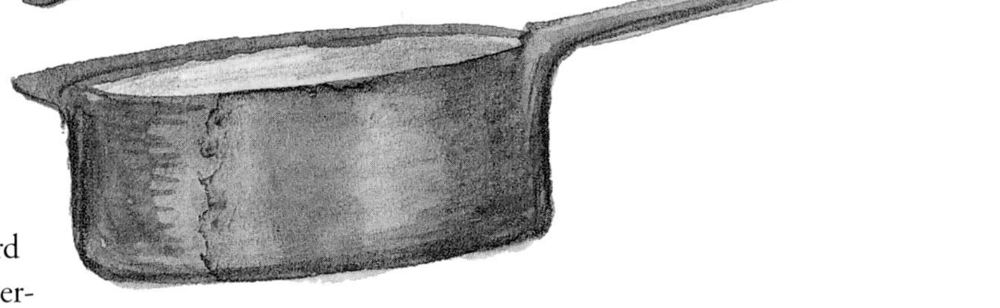

Der süße Brei

JACOB UND WILHELM GRIMM

Es war einmal ein armes, frommes Mädchen, das lebte mit seiner Mutter allein, und sie hatten nichts mehr zu essen. Da ging das Kind hinaus in den Wald, und es begegnete ihm eine alte Frau, die wußte seinen Jammer schon und schenkte ihm ein Töpfchen, zu dem sollte es sagen: »Töpfchen koch«, so kochte es guten, süßen Hirsebrei, und wenn es sagte: »Töpfchen steh«, so hörte es wieder auf zu kochen.

SÜSSER BREI

FÜR 8 PERSONEN (860 G BREI)
VORBEREITUNGSZEIT: 30 MINUTEN
KOCHZEIT: 10 MINUTEN

150 G CREME FRAÎCHE
100 G PUDERZUCKER
300 G QUARK (FETTSTUFE 40%)
15 KORIANDERKÖRNER
2 EL HAFERFLOCKEN
4 EL KNUSPER-MÜSLI
1 MANGO
1 ORANGE
SAFT VON 1 LIMETTE
FÜR DIE »WÖLKCHEN«:
1 L MILCH
5 EIWEISS
150 G ZUCKER
1 PRISE SALZ

- Creme fraîche und Puderzucker in einer 15 Minuten vorgekühlten Schüssel aufschlagen und die Mischung mit dem Schneebesen unter den Quark ziehen. Korianderkörner im Mörser zerstoßen. Haferflocken, Müsli und Koriander untermischen.
- Die Milch bei milder Hitze zum Sieden bringen, Temperatur auf die niedrigste Stufe herunterschalten.
- Eiweiß steif schlagen, dabei den Zucker einrieseln lassen. Mit einem Esslöffel kleine »Wölkchen« formen und vorsichtig auf die siedene Milch gleiten lassen. Von jeder Seite 1 Minute pochieren und mit dem Schaumlöffel herausheben.
- Mango schälen und würfeln, Orange schälen und filetieren. Vor dem Servieren vorsichtig die Mango und die Orangenscheiben mit dem Limettensaft unter die Quarkmischung ziehen und mit den Wölkchen verzieren.

Bärchen

COMTESSE DE SÉGUR

Es war einmal eine hübsche Bäuerin namens Agnella; sie lebte allein mit einer jungen Dienstmagd, die Passerose hieß. Sie empfing niemals Besuch und ging auch niemanden besuchen. Ihr Hof war klein, hübsch und sauber; sie hatte eine schöne weiße Kuh, die viel Milch gab, eine Katze, die die Mäuse fing, und einen Esel, der jeden Dienstag Obst, Gemüse, Butter, Eier und Käse zum Markt der Nachbarstadt trug, wo sie sie verkaufte.

Niemand wußte, wie und wann Agnella und Passerose auf diesen bisher unbekannten Hof gekommen waren, den man im Volksmund den *Waldhof* nannte. Eines Abends molk Passerose die Kuh, während Agnella das Abendessen vorbereitete.

Als sie gerade einen Topf gute Kohlsuppe und ein Schüsselchen Sahne auf den Tisch stellte, bemerkte sie eine dicke Kröte, die gierig die Kirschen verschlang, die in einem großen Weinblatt auf dem Boden lagen.

»Du häßliche Kröte«, rief Agnella, »ich werde dir beibringen, meine schönen Kirschen zu essen!«

Dabei zog sie das Blatt, in dem die Kirschen lagen, zur Seite und versetzte der Kröte einen solchen Fußtritt, daß sie zehn Schritt weiterrollte.

BÄRCHENS AUFLAUF MIT SÜSS- UND SAUERKIRSCHEN

FÜR 6 PERSONEN
VORBEREITUNGSZEIT: 20 MINUTEN
BACKZEIT: 40 MINUTEN

1/4 L MILCH
2 ZIMTSTANGEN
450 G SÜSSKIRSCHEN
450 G SAUERKIRSCHEN
250 G SAHNE
6 EIER
3 EIGELB
150 G ZUCKER

- Backofen auf 160 °C (Gas Stufe 1) vorheizen. Die Milch in einer schweren Kasserolle zum Kochen bringen, von der Kochstelle nehmen, Zimtstangen zugeben und bei geschlossenem Deckel 10 Minuten ziehen lassen.
- Kirschen waschen und trockentupfen. Stiele und Steine entfernen, ohne die Kirschen dabei zu zerquetschen.
- Die Zimtstangen aus der Milch nehmen.
- In einer Schüssel Sahne, Zimtmilch, Eier, Eigelb und Zucker einige Minuten lang mit dem Schneebesen verschlagen. Eine runde Auflaufform von 26 cm Durchmesser mit den Kirschen auslegen und die Flüssigkeit darüber gießen. Etwa 40 Minuten backen, bis der Auflauf fest ist und eine schöne goldgelbe Farbe hat.

SCHWARZWÄLDER KIRSCHTORTE

Für 8 Personen
Vorbereitungszeit: 1 Stunde 20 Minuten
Backzeit: 15 Minuten

400 g Sandteig
(siehe CREMETORTE, Seite 122)
Für 300 g Trüffelcreme:
150 g Bitterschokolade
(57% Kakaoanteil)
100 g Sahne
$1^1/_2$ EL Milch
30 g weiche Butter
Für das Kirschkompott:
350 g schwarze Kirschen
150 g Himbeergelee
1,5 cl Kirschwasser (45%)
Für die Sahne:
400 ml Sahne
40 g Puderzucker
Zum Backen:
Fett für die Form
1 Eigelb (klein)
Zum Verzieren:
100 g Bitterschokolade
(57% Kakaoanteil)

- Am Vortag Sandteig und Trüffelfüllung zubereiten. Für die Trüffelfüllung Schokolade fein reiben. In einer Kasserolle Sahne und Milch aufkochen und über die geriebenen Schokolade gießen. Die Schokolade unter ständigem Rühren mit einem Holzspachtel auflösen. Butterflöckchen unterrühren, bis sie geschmolzen sind. Abkühlen lassen und mit Frischhaltefolie abgedeckt bei Zimmertemperatur (18 °C) aufbewahren.
- Für das Kirschkompott Kirschen waschen und trockentupfen. Stiele und Steine entfernen, ohne die Kirschen dabei zu zerquetschen. Himbeergelee und Kirschen vermischen und in einem Konfitüretopf zum Sieden bringen. In einer Schüssel über Nacht im Kühlschrank aufbewahren.
- Am Zubereitungstag das Kirschwasser unter das Kirschkompott rühren. Backofen auf 180 °C (Gas Stufe 2) vorheizen.
- Für den Tortenboden den Sandteig auf einer leicht bemehlten Arbeitsplatte 3 mm dick zu einem Kreis von 34 cm Durchmesser ausrollen. Eine Springform von 26 cm Durchmesser buttern und sorgfältig mit dem Teig auslegen. Teig leicht mit den Fingerspitzen andrücken und mit der Kuchenrolle über die Ränder fahren, um den überstehenden Teig abzuschneiden. Den Boden mit einer Gabel einstechen und die Form mit Frischhaltefolie abgedeckt 30 Minuten kalt stellen.
- Den Boden 10 Minuten blindbacken, mit verschlagenem Eigelb bepinseln und weitere 5 Minuten backen, das macht ihn undurchlässig und knusprig und verleiht ihm eine schöne goldgelbe Farbe. In der Form abkühlen lassen.
- Die Trüffelcreme im Wasserbad unter vorsichtigem Rühren mit einem Holzspachtel warm werden lassen, bis sie flüssig ist, und gleichmäßig auf dem Tortenboden verteilen.
- Sahne und Puderzucker steif schlagen. Kirschkompott in drei Reihen von der Mitte zum Rand auf der Trüffelcreme verteilen. Sahne mit einem Esslöffel zwischen die Reihen geben.
- Zum Verzieren auf Pergamentpapier einen Kreis von 26 cm Durchmesser malen. Schokolade schmelzen (siehe *Die Juwelen der Königin*, Seite 48) Ein dreieckiges Stück Pergamentpapier zu einer Tüte rollen, die geschmolzene Schokolade einfüllen und ein Spitzenmuster auf den Pergamentkreis spritzen. Pergament vorsichtig auf eine Platte legen und 5 Minuten in den Kühlschrank stellen. Wenn die Schokolade erstarrt ist, löst sie sich leicht vom Papier. Die Schokoladenspitze vorsichtig auf die Torte legen.

Goldlöckchen und die drei Bären

J. JACOBS

Eines Tages, nachdem sie ihr Frühstück zubereitet hatten, beschlossen sie, in den Wald zu gehen, damit der Haferbrei in den Tellern inzwischen abkühlen könnte. Denn es kam nicht in Frage, ihn sofort zu essen und sich die Schnauze zu verbrennen!

[…] Während die drei im Wald waren, kam ein eigenartiges kleines Mädchen zu ihrem Haus. Es war kein wohlerzogenes Mädchen. Zuerst sah es durch das Fenster, dann durch das Schlüsselloch. Da niemand da war, schob sie den Riegel auf. Die Tür war nicht verschlossen, denn die Bären waren sehr friedliebend. Nie taten sie jemandem etwas zuleide und nahmen auch nicht an, daß man ihnen etwas zuleide tun könnte.

Also öffnete das kleine Mädchen die Tür und ging in das kleine Haus. Entzückt entdeckte es den Haferbrei auf dem Tisch.

Wäre es ein braves kleines Mädchen gewesen, hätte es gewartet, bis die Bären nach Hause kamen, denn diese hätten es sicherlich eingeladen, ihr Frühstück mit ihnen zu teilen. Es waren nämlich wirklich gute Bären, manchmal ein wenig brummig, wie Bären das so an sich haben, aber vor allem waren sie gute, großzügige Bären, die immer bereit waren, anderen zu helfen.

Doch dieses kleine Mädchen hatte keine Manieren, und bediente sich einfach.

Zunächst kostete sie den Haferbrei des großen Bären, aber der war wirklich zu heiß. Dann kostete sie den Haferbrei des mittleren Bären, aber der war wirklich zu kalt. Also kostete sie den Haferbrei des kleinen Bären. Der war weder zu heiß noch zu kalt, sondern gerade richtig. Und er schmeckte ihr so gut, daß sie alles aufaß. Und trotzdem schimpfte das böse kleine Mädchen. Der Teller war ihr nicht groß genug. Sie wollte noch mehr Haferbrei!

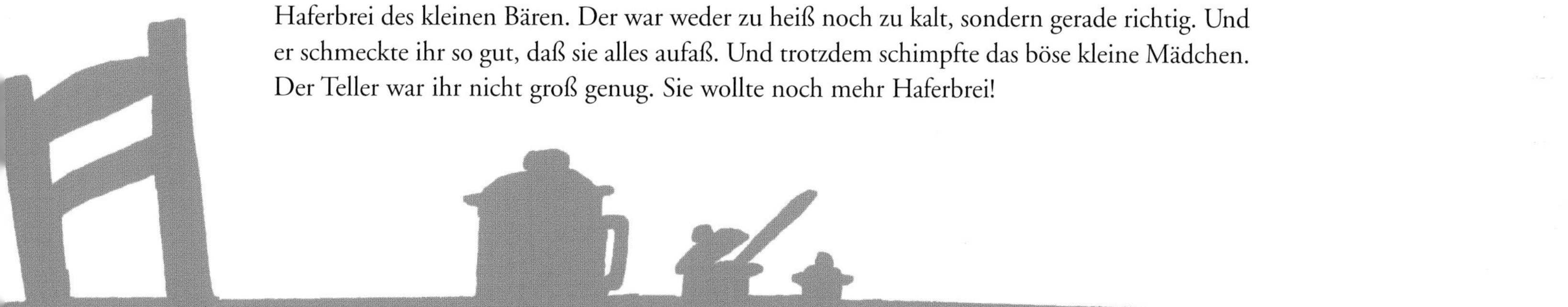

HAFERBREI MIT AKAZIENHONIG

FÜR 6 PERSONEN (800 G HAFERBREI)
VORBEREITUNGSZEIT: 10 MINUTEN
KOCHZEIT: 20 MINUTEN

5 AKAZIEN- ODER HOLUNDERBLÜTENRISPEN
45 ML MILCH
75 G AKAZIENHONIG
2 EL HAFERFLOCKEN
3 EL WEICHWEIZENGRIESS
5 EIGELB
100 G CRÈME FRAÎCHE

- Akazien- oder Holunderblütenrispen abspülen und trockentupfen, nur die kleinen Blüten und Fruchtknoten aufbewahren.
- In einer Kasserolle Milch und Honig mit den Blüten und Fruchtknoten zum Sieden bringen. Haferflocken und Grieß hineinrühren, den Topf von der Kochstelle nehmen und quellen lassen.
- Eigelb und Crème fraîche in einer Schüssel verrühren, zu der Milch geben und unter ständigem Schlagen aufkochen. Temperatur herunterschalten und kurz ziehen lassen, dabei weiterschlagen bis die Creme dick wird. In eine Schüssel geben und vor dem Servieren abkühlen lassen.

BÄRENTATZEN

Für etwa 20 Bärentatzen (460 g Teig)
Vorbereitungszeit: 40 Minuten
Backzeit: 10 Minuten

200 g Weizenmehl
1 TL ungesüsstes Kakaopulver
1 gestrichener TL gemahlener Zimt
1 Prise Salz
1 TL Backpulver
100 g weiche Butter
100 g Zucker
1 Ei (klein)
1 gestrichener EL Milch
Zum Verzieren:
100 g grober Zucker

- Mehl auf eine Arbeitsplatte sieben, eine Mulde in die Mitte drücken, Kakaopulver, Zimt, Salz und Backpulver auf den Rand streuen. Butterflöckchen und Zucker in die Mulde geben und mit den Fingerspitzen zu einer cremigen Masse verarbeiten und nach und nach zwischen den Handflächen mit dem Mehl zu einer krümeligen Masse verreiben. Wieder eine Mulde in die Mitte drücken, Milch und Ei hineingeben. Die krümelige Mehlmischung mit Milch und Ei zu einem glatten Teig verkneten. In Frischhaltefolie gewickelt 1 Stunde kalt stellen.
- Den Teig 10 Minuten vor dem Weiterverarbeiten aus dem Kühlschrank nehmen. Backofen auf 180 °C (Gas Stufe 2) vorheizen.
- Den Teig auf einer leicht bemehlten Arbeitsfläche 3 mm dick ausrollen und die Teigplatte mit Wasser bepinseln. Mit drei sternförmigen Förmchen verschiedener Größe den Teig ausstechen und zu Bärentatzen formen. Mit der feuchten Oberfläche in Zucker drücken und mit der gezuckerten Seite nach oben in einem Abstand von 3 cm auf ein mit Pergamentpapier belegtes Blech legen, damit sie gleichmäßig backen und nicht zusammenkleben.
- Etwa 10 Minuten backen, bis die Bärentatzen sich leicht aufgewölbt haben und der Zucker glänzend und rissig ist. Auf einem Tortengitter auskühlen lassen. Zu den Bärentatzen eine mit Kardamom gewürzte Vanillecreme servieren.

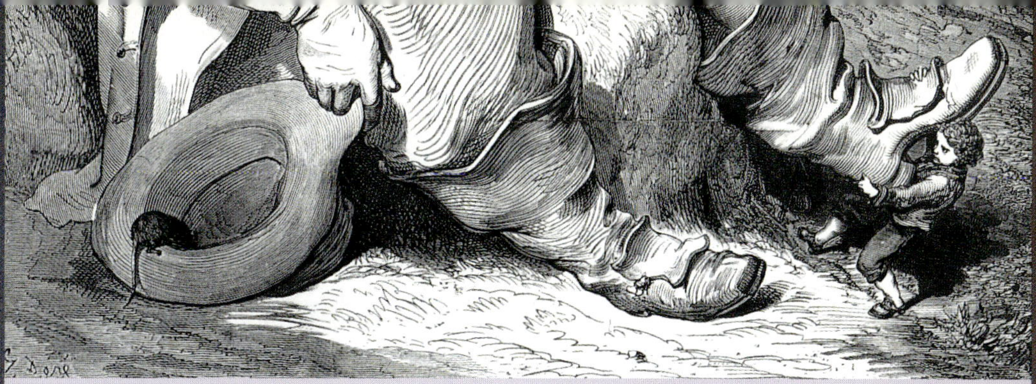

IN DER GEWALT VON RIESEN UND HEXEN

Endlich kam Meister Kater zu einem schönen Schloß, das einem Menschenfresser gehört, dem reichsten Mann, den man sich nur denken konnte; denn all die Ländereien, durch die der König gefahren war, gehörten zu seinem Schloß.
(CHARLES PERRAULT, *Der gestiefelte Kater*)

EIN SCHWACHER LICHTSCHEIN SCHIMMERT IM TIEFEN DUNKLEN WALD. SOLLTE ES DAS HAUS DER ELTERN SEIN?

Nein, es ist die Höhle des Menschenfressers oder das Versteck der Hexe. Denn nachdem sie von zu Hause geflohen und im Wald umhergeirrt sind, müssen unsere Helden gefährliche Abenteuer bestehen, und oft droht ihnen die Gefahr, verspeist zu werden. Manchmal ist das Haus des Riesen oder der Hexe so finster und Furcht einflößend, dass man es schon von weitem erkennt, und der Weg ist mit Knochen und Gerippen übersät. Die Hütte der grausamen Baba-Yaga, der Hexe in den russischen Märchen, ist eine der grässlichsten: »Der Zaun ist aus Menschenknochen gemacht und darauf stecken Totenschädel mit Augen, und die Türhaken sind aus menschlichen Schienbeinen.«

Eine andere Hexe, Trotte-Vieille, die ebenso grausig ist, fängt die Kinder ein, spießt sie auf Hörner und verschlingt sie.

Denn in den Märchen sind Kinder ein begehrtes Mahl. Daran erinnert uns auch Swift mit seiner beißenden Ironie: »Ein gesundes, wohlgenährtes Kind ist im Alter von einem Jahr eine köstliche, sehr nahrhafte und gesunde Speise, egal, ob es gekocht, gebraten, geschmort oder im Backofen zubereitet wird, und ich bin sicher, daß es auch ein leckeres Frikassee oder Ragout abgibt.«

Aber es kommt auch vor, dass die Häuser der Riesen und Hexen eine geradezu magische Anziehungskraft haben. In dem Märchen *Der gestiefelte Kater* wohnt der Menschenfresser in einem prächtigen Schloss, in *Hänsel und Gretel* ist das Haus der Hexe ein Traumhaus, an dem man knabbern und knuspern kann. Die Wände sind aus Honigkuchen, das Dach aus Kuchen und die Fenster aus Zucker.

Denn der Menschenfresser ist nicht nur ein Riese wie der gute Gargantua, dessen Mutter – so will es die von Rabelais aufgenommene Volkssage – eine Fee war, die während des Stillens täglich die Milch von 17 900 Kühen trank. Er ist nicht nur ein Vielfraß, der Berge von Nahrung vertilgt und in sich hineinstopft. Er ist ein Ungeheuer, das vor allem rohes Fleisch liebt. »Er streckte seine Nase nach rechts und links und sagte, daß er frisches Fleisch röche.

›Das muss wohl das Kalb sein‹, sagte die Frau zu ihm, ›ich habe es gerade hergerichtet; das steigt Euch wohl in die Nase.‹

›Ich rieche frisches Fleisch, ich sage es noch einmal‹, fuhr der Menschenfresser mit einem argwöhnischen Blick auf seine Frau fort.« (Charles Perrault, *Der kleine Däumling*)

Hier findet man den Gegensatz zwischen rohem und gekochtem Fleisch, der den Anthropologen so wichtig ist, und der in der Märchenwelt die Menschen von den Tieren unterscheidet.

Glücklicherweise hat der Menschenfresser zwar einen Bärenhunger, aber sein Verstand ist nicht größer als der eines Spatzen. Und unsere tapferen kleinen Helden werden ihn besiegen – durch eine List. Denn diese beruhigende Wahrheit lernen wir aus den Märchen: Der Stärkere hat nicht immer Recht, und die Kraft setzt sich nicht überall durch. Hänsel führt die Hexe in die Irre, indem er ihr ein Knöchelchen anstelle seines Fingers entgegenstreckt, um sie glauben zu machen, dass er nicht fetter wird. Denn die »steinalte« Hexe hatte die Gewohnheit, die Kinder erst zu mästen, ehe sie sie aß.

Der kleine Däumling stand mitten in der Nacht auf, »nahm die Mützen seiner Brüder, ebenso wie die seine, und setzte sie vorsichtig den sieben Töchtern des Menschenfressers auf, nachdem er ihnen die Goldkronen abgenommen hatte, die er alsdann seinen Brüdern und sich selbst aufsetzte, damit der Menschenfresser sie für seine Töchter hielte und seine Töchter für die Jungen, die er umbringen wollte.« (Charles Perrault, *Der kleine Däumling*)

Zu jener Zeit, als in Irland die Feen noch die kleinen Jungen verzauberten, bediente man sich desselben Täuschungsmanövers: Die Eltern zogen ihren Söhnen Mädchenkleider an.

In den Märchen triumphieren List und Klugheit. Menschenfresser und die Hexen hingegen verlieren ihren Reichtum und finden ein klägliches Ende.

Jack stiehlt die Henne mit den goldenen Eiern, der kleine Däumling verschafft sich die Siebenmeilenstiefel, und Gretel schiebt die Hexe in den Ofen: »Da gab ihr Gretel einen Stoß, daß sie weiter hineinfuhr, machte die eiserne Tür zu und schob den Riegel vor. Hu! Da fing sie an zu heulen, ganz grauslich, aber Gretel lief fort, und die gottlose Hexe mußte elendiglich verbrennen.« (Jacob und Wilhelm Grimm).

Der Menschenfresser und die Hexe haben sich täuschen lassen und werden Opfer ihrer eigenen Dummheit.

Schneewittchen

JACOB UND WILHELM GRIMM

Da antwortete er wie vorher:

»Frau Königin, Ihr seid die Schönste hier,
aber Schneewittchen über den Bergen
bei den sieben Zwergen,
ist doch noch tausendmal schöner als Ihr.«

Als sie den Spiegel so reden hörte, zitterte und bebte sie vor Zorn. »Schneewittchen soll sterben«, rief sie, »und wenn es mein eigenes Leben kostet.«

Darauf ging sie in eine ganz verborgene, einsame Kammer, wo niemand hinkam, und machte da einen giftigen, giftigen Apfel. Äußerlich sah er schön aus, weiß mit roten Backen, daß jeder, der ihn erblickt, Lust danach bekam, aber wer ein Stückchen davon aß, der mußte sterben.

Als der Apfel fertig war, färbte sie sich das Gesicht und verkleidete sich in eine Bauersfrau, und so ging sie über die sieben Berge zu den sieben Zwergen. Sie klopfte an, Schneewittchen streckte den Kopf zum Fenster heraus und sprach:

»Ich darf keinen Menschen einlassen, die sieben Zwerge haben's mir verboten.«

»Mir auch recht«, antwortete die Bäurin. »Meine Äpfel will ich schon loswerden. Da, einen will ich dir schenken.«

APFELTRAUM DER KÖNIGIN

Für 6 Personen
Vorbereitungszeit: 45 Minuten
Backzeit: 1 Stunde 10 Minuten

800 g Blätterteig
(siehe ZUCKERHÖLZCHEN, Seite 32)
100 g gemahlene Mandeln
3 Äpfel
50 g Butter
50 g Zucker
Zum Backen:
1 Ei (klein)
Zum Verzieren:
50 g grober Zucker

- Am Vortag den Blätterteig vorbereiten.
- Am Tag der Zubereitung den Teig auf der leicht bemehlten Arbeitsfläche 2 mm dick ausrollen, um die Kuchenrolle schlingen und vorsichtig auf das Backblech legen: so verzieht sich der Teig beim Schneiden nicht.
- Teig zu einem 12 mal 30 cm großen Rechteck ausrollen und 2 Streifen von je 30 cm Länge für die Ränder zuschneiden. Die Außenkanten des Rechtecks mit Wasser befeuchten und die Teigstreifen sorgfältig andrücken. Den Teigrest auf einer mit Pergamentpapier belegten Platte kühl stellen.
- Den Tortenboden mit einer Gabel einstechen und mit den Mandeln bestreuen. 30 Minuten im Kühlschrank ruhen lassen.

- Äpfel schälen und vierteln, Kerngehäuse entfernen. Die Oberseite der Viertel leicht mit dem Messer einschneiden. 40 g Butter und den ganzen Zucker in einer beschichteten Pfanne schmelzen und die Äpfel mit der eingeschnittenen Seite hinein legen und goldgelb backen, einige Minuten von der anderen Seite braten und auf einem Teller beiseite stellen.
- Backofen auf 210 °C (Gas Stufe 3–4) vorheizen. Sind die Äpfel abgekühlt, werden sie mit der eingeschnittenen Seite nach oben auf den Tortenboden gelegt. Aus dem restlichen Teig 5 cm breite und 10 cm lange Streifen und diese dann in Dreiecke schneiden. Den Kuchen mit den Dreiecken belegen und mit verschlagenem Ei bepinseln.
- Backofen auf 180 °C (Gas Stufe 2) zurückschalten und den Kuchen etwa 35 Minuten backen, bis er goldgelb ist. Kuchen herausnehmen und mit Zucker bestreuen.
- Zu diesem köstlichen Kuchen reicht man eine Zimtcreme.

KARAMELLISIERTE PARADIESÄPFEL

FÜR 4 PERSONEN
VORBEREITUNGSZEIT: 10 MINUTEN
BACKZEIT: 20 MINUTEN

4 KLEINE ROTE ÄPFEL
FÜR DIE KARAMELLISIERTE ZUCKERKRUSTE:
1/8 L WASSER
500 G ZUCKER
5 TROPFEN ZITRONENSAFT

- Äpfel abspülen und trockentupfen. In einer Kasserolle Wasser, Zucker und Zitronensaft erhitzen. Sobald der Zucker zu sieden beginnt, mit einem angefeuchteten Pinsel die Unreinheiten des Zuckers vom Topfrand entfernen. Mit einem Zuckerthermometer die Temperatur überprüfen: Erreicht der Karamell 155 °C, ist er hell (Großer Bruch) und wird beim Erkalten knusprig wie ein Bonbon.
- Kasserolle von der Kochstelle nehmen, die Äpfel auf eine Gabel spießen und in den Karamell tauchen. Die Frucht soll rundum mit einer dünnen Karamellschicht überzogen sein. Beginnt der Karamell hart zu werden, die Äpfel auf einen Bogen Pergamentpapier legen.
- Den restlichen Karamell wieder erhitzen, dabei ständig mit einem Holzspachtel rühren. Ist der Karamell flüssig, zwei Gabeln zwischen Daumen und Zeigefinger nehmen, schnell in den Karamell tauchen und über einem Blatt Pergamentpapier schütteln: der gekochte Zucker zieht goldene Fäden. Den Vorgang mehrmals wiederholen, dann die Zuckerfäden zu einem Nest rollen und jeden der Äpfel in ein Zuckernest setzen. Mit einem Esslöffel noch einige Tropfen Karamell über die Früchte geben.

Hänsel und Gretel

JACOB UND WILHELM GRIMM

[…] und als sie ganz nahe herankamen, so sahen sie, daß das Häuslein aus Brot gebaut war und mit Kuchen gedeckt, aber die Fenster waren von hellem Zucker.

[…] Da ward gutes Essen aufgetragen, Milch und Pfannekuchen mit Zucker, Äpfel und Nüsse.«

PFANNKUCHEN MIT AKAZIENBLÜTEN

Für 8 Pfannkuchen (470 g Pfannkuchenteig)
Vorbereitungszeit: 25 Minuten
Backzeit: 5 Minuten

8 Akazien- oder Holunderblütenrispen
100 g Weizenmehl
200 ml Vollmilch
2 Eier
1 Prise Salz
30 g Akazienhonig
Zum Backen:
2 EL Butter
2 EL Erdnussöl
Zum Verzieren:
2 EL Puderzucker

- Akazienblüten abspülen, abtropfen lassen und vorsichtig trockentupfen. Blüten von den Stielen entfernen.
- In einer Schüssel mit dem Schneebesen Mehl und Milch verschlagen, Eier, Salz und Honig dazugeben.
- Etwas Butter und Öl in einer beschichteten Pfanne von 22 cm Durchmesser erhitzen. Eine Schöpfkelle Teig hineingeben, mit Akazienblüten bestreuen und bei milder Hitze goldgelb backen. Wenn sich der Pfannkuchen vom Pfannenboden löst, umdrehen und bei milder Hitze weitere 2 bis 3 Minuten backen.
- Die Pfannkuchen lauwarm und mit reichlich Puderzucker bestreut servieren.

HEXENHÄUSCHEN

Für 12 Personen
Vorbereitungszeit: 1 Stunde 30 Minuten
Backzeit: 15 Minuten

Für ein Häuschen von etwa 25 cm Höhe, 10 cm Breite und 20 cm Länge:
2 kg Lebkuchenteig (siehe LEBKUCHENMÄNNCHEN, Seite 25)
Zum Verzieren:
verschiedene Nüsse (Mandeln, Pistazien, Haselnüsse, Walnüsse)
140 g Zuckerguss (siehe ZUCKERHÖLZCHEN, Seite 32)
50 verschiedene Kekse (z.B. FEENFINGER, Seite 42, GROSSMUTTERS BUTTERKEKSE, Seite 58, BÄRENTATZEN Seite 80, BAISER MIT ROSENWASSER, Seite 150)
gepuderte Veilchen-, Honig- und Pinienbonbons
Zum Backen:
100 ml Milch
Zum Zusammensetzen des Hauses:
500 g Bitterschokolade (57% Kakaoanteil)

- Den Lebkuchenteig am Vortag zubereiten.
- Am Tag der Zubereitung auf einer leicht bemehlten Arbeitsfläche den Lebkuchenteig 3 mm dick ausrollen und auf ein mit Pergamentpapier ausgelegtes Backblech legen. Mit einer Pappschablone und einem kleinen Messer die einzelnen Teile des Hauses ausschneiden und in einem Abstand von 5 cm auf dem Backblech anordnen
- Backofen auf 170 °C (Gas Stufe 1 – 2) vorheizen. Die Lebkuchenteile mit Milch bepinseln und mit den Nüssen verzieren. 15 Minuten backen, bis der Teig aufgegangen, glatt und hellbraun ist. Auf einem Tortengitter auskühlen lassen.
- Schokolade schmelzen (siehe *Die Juwelen der Bienenkönigin*, Seite 48). Mit einem Metallspachtel drei Viertel der geschmolzenen Schokolade zur Verstärkung auf die Lebkuchenteile streichen und hart werden lassen. Mit dem restlichen Viertel weicher Schokolade die Teile zusammenkleben.
- Den Zuckerguss in eine kleine Spritztüte geben und damit die Bonbons und Kekse zur Verzierung aufkleben.

Der gestiefelte Kater

CHARLES PERRAULT

»Man hat mir weiterhin versichert«, sagte der Kater, »doch kann ich mir nicht vorstellen, daß es auch in Eurer Macht steht, die Gestalt ganz kleiner Tiere anzunehmen, die einer Ratte zum Beispiel oder einer Maus, ich muß sagen, daß ich das für ganz unmöglich halte.«

»Unmöglich«, erwiderte der Menschenfresser, »Ihr werdet schon sehen«, und damit verwandelte er sich in eine Maus, die auf dem Fußboden herumlief. Kaum hatte der Kater sie gesehen, als er sich auf sie stürzte und sie verschlang.

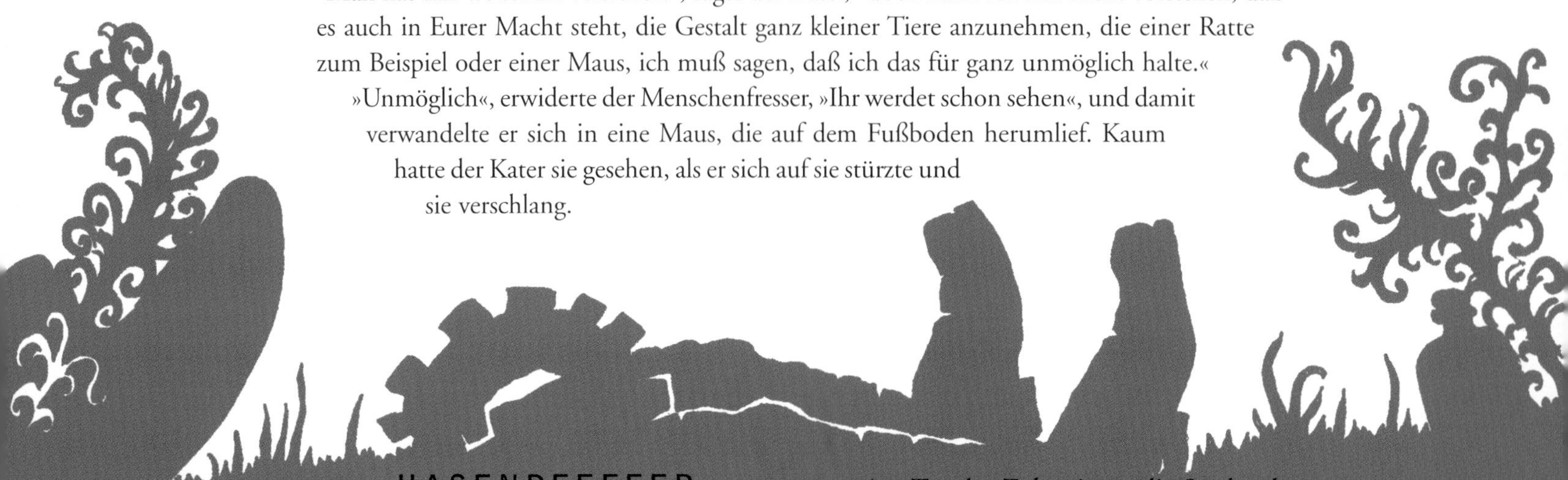

HASENPFEFFER

Für 8 Personen
Vorbereitungszeit: 30 Minuten
Kochzeit: 2 Stunden 30 Minuten

1 grosser Hase (zerlegt)
Salz und Pfeffer aus der Mühle
80 ml Erdnussöl
300 g geräucherter Bauchspeck
2 Zwiebeln, 1 EL Butter
30 g Weizenmehl
1/8 l Zwetschenwasser (45%)
1 Bouquet garni
3 Knoblauchzehen
Für die Marinade:
1 Zwiebel, 1 Möhre
1 l Rotwein
je 2 Salbei- und Lorbeerblätter
je 1 Prise Majoran und Muskatnuss

- Am Vortag den Hasen salzen und pfeffern. Für die Marinade Zwiebel schälen und wie die Möhre in feine Scheiben schneiden. Aus Rotwein, Möhren, Zwiebeln, Kräutern und Gewürzen eine Marinade rühren, die Hasenteile hineingeben und mit Frischhaltefolie abgedeckt eine Nacht im Kühlschrank ziehen lassen.
- Am Tag der Zubereitung die Stücke abtropfen lassen, Marinade beiseite stellen.
- In einem großen Topf das Öl erhitzen und die Hasenstücke darin von allen Seiten anbraten. Herausnehmen und beiseite stellen. Den in Würfel geschnittenen Bauchspeck und die fein gehackten Zwiebeln in dem Topf anschwitzen, herausnehmen und ebenfalls beiseite stellen. Den Bratensatz ablöschen, die Butter darin schmelzen und mit einem Holzlöffel das Mehl einrühren. Wenn die Mehlmischung hellbraun ist, den Wein der Marinade und das Zwetschenwasser angießen. Unter Rühren zum Sieden bringen und die Fleischstücke, den in ein Mullsäckchen gewickelten Kräuterstrauß, den zerdrückten Knoblauch, Salz und Pfeffer hineingeben. Bei geschlossenem Deckel und milder Hitze etwa 2 Stunden 30 Minuten köcheln lassen. Die Flüssigkeit darf nicht zu sehr einkochen, eventuell von Zeit zu Zeit etwas Wasser angießen. Wenn das Fleisch zart ist, die Hasenteile herausnehmen und beiseite stellen. Die Sauce durch ein Spitzsieb passieren. Sauce, Speckwürfel und Fleisch wieder in den Topf geben und bei milder Hitze wärmen.

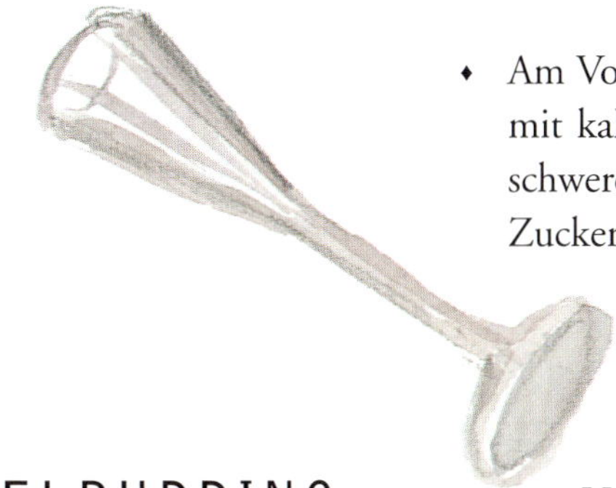

DER MANDELPUDDING DES MENSCHEN-FRESSERS

Für 8 Personen (1500 g Mandelpudding)
Zubereitungszeit: 40 Minuten
Kochzeit 10 Minuten

4 Blatt Gelatine
450 ml Milch
75 g Zucker
1 Vanilleschote
60 g gemahlene Mandeln
2 EL Maisstärke
600 g Sahne
2 Eigelb
2 Tropfen Veilchenwasser
100 g Himbeeren
Zum Verzieren:
250 g Sahne
2 gestrichene EL Puderzucker
100 g frische Himbeeren
einige Zuckerveilchen

- Am Vortag Gelatine in einem Schälchen mit kaltem Wasser einweichen. In einer schweren Kasserolle die Milch, den Zucker und die längs halbierte Vanilleschote zum Sieden bringen. Die Mandeln unterrühren, von der Kochstelle nehmen und einige Minuten ziehen lassen. Vanilleschote entfernen.
- In einer Schüssel Maisstärke, 100 ml Sahne und Eigelb verrühren, bis die Masse nicht mehr klumpig ist. Die Mischung in die Milch geben und bei mittlerer Hitze unter ständigem Schlagen aufkochen. Temperatur herunterschalten und einen Moment sieden lassen, dabei weiterschlagen.
- Wenn die Creme dickflüssig ist, in eine Schüssel geben, Gelatine ausdrücken, in der warmen Creme auflösen und gut verrühren, dann das Veilchenwasser zugeben. Vorsichtig durchschlagen und abkühlen lassen.
- In einer gut gekühlten Schüssel restliche Sahne mit dem Handrührer steif schlagen. Mandelcreme durchrühren und die Hälfte der Sahne schnell unterziehen, dann die restliche Sahne vorsichtig mit einem Schneebesen unterheben.
- Eine Kuchen- oder Puddingform von 20 cm Durchmesser leicht buttern. Die Hälfte des Mandelpuddings hineingeben, mit frischen Himbeeren bestreuen und mit dem Rest des Mandelpuddings bedecken. Über Nacht in den Kühlschrank stellen.
- Am Tag der Zubereitung die Form auf eine Kuchenplatte stürzen, ein Küchentuch in sehr heißem Wasser spülen, gut auswringen, um die Form legen und diese vorsichtig abheben.
- In einer gut gekühlten Schüssel die Sahne mit dem Handrührer steif schlagen, den Mandelpudding damit überziehen und mit frischen Himbeeren und Zuckerveilchen verzieren.

DER KUCHEN DES MARQUIS DE CARABAS

FÜR 8 PERSONEN (1435 G BISKUITTEIG)
VORBEREITUNGSZEIT: 45 MINUTEN
BACKZEIT 1 STUNDE

250 G WEIZENMEHL
1 EL UNGESÜSSTES KAKAOPULVER
1 EL GEMAHLENER ZIMT
1 PÄCKCHEN BACKPULVER (15 G)
150 G GEMAHLENE MANDELN
250 G WEICHE BUTTER
250 G ZUCKER
100 ML PINOT NOIR
150 G BITTERSCHOKOLADE
(57% KAKAOANTEIL)
5 EIER
FÜR 300 G TRÜFFELCREME:
150 G BITTERSCHOKOLADE
(57% KAKAOANTEIL)
100 G SAHNE
200 ML MILCH
30 G WEICHE BUTTER
ZUM VERZIEREN:
150 G BITTERSCHOKOLADE
(57% KAKAOANTEIL)
FÜR DIE FORM:
30 G BUTTER
30 G MEHL

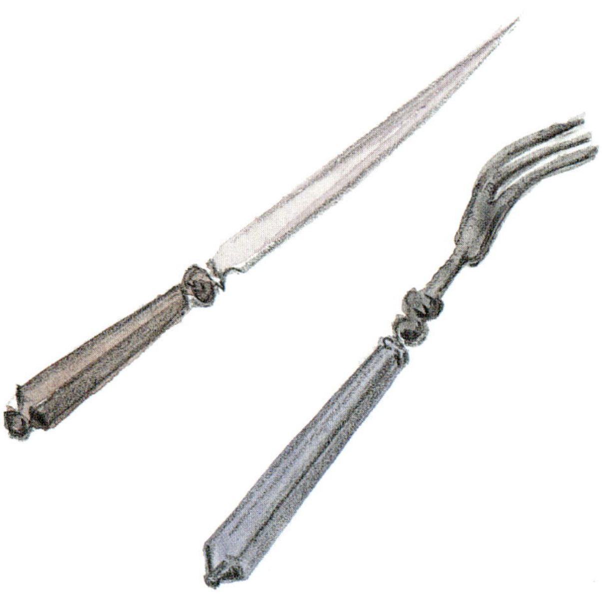

- Backofen auf 180 °C (Gas Stufe 2) vorheizen.
- Mehl, Kakao, Zimt und Backpulver in eine Schüssel sieben, Mandeln untermischen. Schokolade fein reiben.
- In einer Schüssel Butter und Zucker mit dem Schneebesen schaumig schlagen. Wein, geriebene Schokolade und die Mehl-Mandel-Mischung mit einem Holzlöffel unterrühren. Dann unter ständigem Rühren nacheinander die Eier dazugeben. Eine Ring- oder Gugelhupfform von 26 cm Durchmesser und 12 cm Höhe gut ausfetten, den Teig hineingeben und 1 Stunde backen. Der Kuchen ist gar, wenn man mit einem Messer hineinsticht und beim Herausziehen nichts an der Klinge kleben bleibt. Auf ein Tortengitter stürzen und auskühlen lassen.
- Für die Trüffelcreme die Schokolade fein in eine Schüssel reiben. In einer Kasserolle Sahne und Milch aufkochen, über die geriebene Schokolade gießen und vorsichtig mit einem Holzspachtel umrühren. Die Butterflöckchen unterrühren, bis sie geschmolzen sind. Abkühlen lassen.
- Für die Dekoration: Schokolade schmelzen (siehe *Die Juwelen der Bienenkönigin*, Seite 48), mit einem Teelöffel auf ein Blatt Alufolie träufeln und die Tropfen mit dem Löffelrücken in die Länge ziehen, um ihnen die Form einer Feder zu geben. Bei Zimmertemperatur (18 °C) erkalten lassen.
- Den Kuchen mit der lauwarmen Trüffelmasse übergießen, einige Minuten fest werden lassen und mit den kleinen Schokoladenfedern dekorieren.
- Der Kuchen kann mit einer Vanille-Karamell-Creme serviert werden.

Finette

MADAME D'AULNOY

Der Menschenfresser, der sehr gerne aß, sprach: »Laß die Mägde schnell ihr Werk anfangen; aber« redete er Finette an, »Wenn du Feuer in den Backofen gelegt hast, wie kannst du wissen, wann er heiß ist?« »Herr« erwiderte sie, »ich werfe Butter hinein und dann versuche ich mit der Zunge.« »Nun wohl«, fuhr er fort, »heize also den Backofen.« Der Backofen war so groß wie ein Pferdestall, weil der Menschenfresser und seine Frau mehr Brot aßen, als zwei Armeen zusammen. Die Prinzessin machte ein großes Feuer darin, bis er in Flammen stand wie ein Schmelzofen. Der Menschenfresser stand dabei und aß, während das Brot bereitet wurde, hundert Lämmer und hundert Spanferkel. Lisette und Grisette machten den Teig zurecht. Darauf fragte der Menschenfresser: »Ist der Ofen warm?« Finette antwortete: »Ihr werdet es sogleich sehen, gnädiger Herr!« Dabei warf sie vor seinen Augen ein Stück Butter in den Backofen. Dann sprach sie: »Man muß mit der Zunge prüfen, aber ich bin zu klein dazu.« »Ich aber bin groß«, nahm der Menschenfresser das Wort, bückte sich hinein, doch so weit, daß er nicht mehr zurückkonnte und verbrannte. Als später seine Frau an den Backofen kam, war sie sehr verwundert, daß nur noch ein Berg Asche von ihrem Mann zu finden war.

SPANFERKEL VOM SPIESS

FÜR 12 PERSONEN
VORBEREITUNGSZEIT: 30 MINUTEN
GRILLZEIT: 2 STUNDEN 30 MINUTEN

8 KNOBLAUCHZEHEN
6 ZWIEBELN
1 KÜCHENFERTIGES SPANFERKEL VON 4–5 KG
SALZ
PFEFFER AUS DER MÜHLE
300 G SCHWEINESCHMALZ
100 ML WASSER
100 ML WEISSWEIN
100 G BUTTER
3 LORBEERBLÄTTER
3 THYMIANZWEIGE
1 ROSMARINZWEIG
$1^1/_2$ TL ZERSTOSSENER KORIANDER
12 KLEINE KARTOFFELN

- Zwiebeln und Knoblauch schälen. Zwiebeln in Scheiben schneiden, Knoblauch zerdrücken.
- Die Haut des Spanferkels am Kopf an den Schultern und an den Hinterbeinen leicht einschneiden, damit sie nicht reißt. Salzen und pfeffern.
- Das Schweineschmalz zerlassen und das Spanferkel gut damit bepinseln.
- Das Spanferkel am Spieß etwa 2 Stunden 30 Minuten grillen. Darunter stellt man eine Fettpfanne mit Wasser, Weißwein, Butter, Kräutern, Gewürzen, Knoblauch und Zwiebelscheiben.
- Das Spanferkel von Zeit zu Zeit mit dem geschmolzenen Schweineschmalz bestreichen und mit dem Saft aus der Fettpfanne begießen. Kocht die Jus zuviel ein, mit Weißwein auffüllen.
- Kartoffeln unter fließendem Wasser abbürsten und nach 1 Stunde Bratzeit in die Fettpfanne legen, so schmoren sie langsam im Fleischsaft. Zusammen mit dem Spanferkel servieren.

VON EINEM SCHLOSS ZUM ANDEREN

Unterwegs erfuhr sie, daß sich in der Nähe ein altes Schloß von Zauberinnen befinde, das schönste der Welt, jedenfalls hielt man es dafür, gemäß einer alten Überlieferung, denn da niemand es betrat, konnte man auch nicht beurteilen, wie es sich tatsächlich damit verhielt.

(MADAME D'AULNOY, *Die weiße Katze*)

IN DEN MEISTEN MÄRCHEN GIBT ES EIN SCHLOSS, DAS STÄRKE UND MACHT VERKÖRPERT.

Dort wohnen der König und die Königin, manchmal auch der Menschenfresser, wie in *Der Gestiefelte Kater*.

Das Schloss bietet jenen, die dort Zuflucht suchen, Schutz und Nahrung. Denn so verhielt es sich im Mittelalter, als sich die Dorfbewohner bei Angriffen von Soldaten und Räubern dort verschanzten.

In den Schlossküchen gab es riesige Kamine, in denen man ein ganzes Rind, Schaf oder Schwein grillen konnte. Hier war es heller und wärmer als in den anderen Räumen, und man brauchte dank der in den unterirdischen Gewölben gelagerten Lebensmittel keinen Hunger zu fürchten.

Die Märchen zeugen noch von diesem herrschaftlichen Leben.

In den Märchenschlössern sind auch Feen zugegen. Sie sind bei der Geburt von Prinzen und Prinzessinen präsent und geben ihnen einen Wunsch mit auf den Weg. Wenn die Geschenke für das Neugeborene überreicht werden, verleihen die übernatürlichen Wesen sagenhafte Gaben: Schönheit, Geist, Tapferkeit… Die Könige laden sie stets höchst ehrerbietig an die Wiege: »Ich bitte Euch inständig, mich mit Eurem Besuch zu beehren und meinem Kind gute Gaben zu verleihen.« Denn zwischen ihren Fingern werden die Bande des Schicksals gewoben.

Doch die Feen können dem Neugeborenen auch Unglück prophezeien. Manchmal haben sie die Gabe, in die Zukunft zu sehen und haben den Auftrag, den Eltern die drohende Gefahr mitzuteilen, die über ihrem Kind schwebt.

Es kommt auch vor, dass eine böse Fee oder eine Hexe diesen Augenblick der Freude trübt. Gekränkt, weil sie nicht eingeladen wurde oder ihr Gedeck nicht aus Silber und Gold ist, reagiert sie unter Umständen verstimmt. Oder sie ist verärgert, weil der König in seiner Aufregung bei der Begrüßung ihren Namen falsch ausgesprochen hat. Dann können auch die guten Feen den bösen Zauber nicht abwenden, sie können ihn nur mildern.

In dem Märchen *Dornröschen* sticht sich die junge Prinzessin in den Finger, obgleich man Sorge getragen hat, alle Spindeln aus dem Schloss zu entfernen. Sie fällt in einen geheimnisvollen Schlaf und mit ihr das ganze Schloss und all seine Bewohner – für hundert Jahre: »Kaum hatte sie sie berührt, da schliefen sie alle ein, um erst wieder zusammen mit ihrer Herrin zu erwachen, damit sie ihr alle zu Diensten sein könnten, wenn sie gebraucht würden. Selbst die Bratspieße, die sich gespickt mit Rebhühnern und Fasanen über den Feuer drehten, schliefen ein, und das Feuer desgleichen.« (Charles Perrault: *Die schlafende Schöne im Walde*)

Man kann zu dem Schloss nicht mehr vordringen, denn es ist von einem so dichten Dornengestrüpp umwuchert, dass man nur noch die Türme sieht.

In anderen Märchen gibt es Schlösser, die noch unzugänglicher sind. Sie werden von grauenvollen Drachen oder riesigen Hunden bewacht. Dort lebt zurückgezogen das Tier; ein junges Mädchen ist im Turm gefangen; in den Mauern ist ein Schatz verborgen…

Unseren Helden, die sich im Wald verirrt haben, gelingt das Unmögliche. Als der Prinz auf das Schloss der schönen Schlafenden zugeht, machen ihm die großen Bäume, die Brombeersträucher und das Dornengestrüpp von selbst Platz, um ihn hindurchzulassen. Und die schöne Schlafende wird durch einen Kuss geweckt.

Durch Listen, Mut oder einfach, weil sie ein reines Herz haben, dringen unsere Helden schließlich zum Schloss vor. Die dunklen, schwarzen Gemäuer verwandeln sich, sobald der Zauber aufgehoben ist, in ein strahlendes Schloss. Schnell wird ein feines Mahl vorbereitet, ein königliches Fest, eine Hochzeit gefeiert!

Denn im Märchen beginnt und endet alles mit einem opulenten Essen.

Schönchen und das Ungeheuer

MADAME LEPRINCE DE BEAUMONT

Der Kaufmann band das Pferd im Stall fest und ging zum Haus, wo er wieder niemanden erblickte; in einem großen Saal brannte ein schönes Feuer, und ein Tisch mit einem Gedeck trug köstliche Fleischgerichte. Regen und Schnee hatten ihn bis auf die Haut durchnäßt; er ging zum Feuer, um sich zu trocknen und sagte zu sich: »Der Hausherr oder seine Dienerschaft wird mir wohl meine Kühnheit verzeihen, und sicher wird er bald kommen.« So wartete er eine beträchtliche Weile lang; als es aber elf Uhr geschlagen hatte, ohne daß jemand gekommen war, konnte er dem Hunger nicht widerstehen, nahm ein gebratenes Huhn und verschlang es zitternd in zwei Bissen; er trank auch ein paar Schluck Wein, wurde kühner und ging durch mehrere herrlich möblierte Gemächer. Schließlich fand er ein Zimmer mit einem guten Bett; Mitternacht war schon vorüber, er fühlte sich müde, und so schloß er die Tür und legte sich nieder.

Als er am anderen Morgen erwachte, war es bereits zehn Uhr, und er wunderte sich sehr, an Stelle seines ganz verdorbenen Kleides ein sauberes Gewand zu finden. »Offenbar gehört dieses Schloß irgendeiner gütigen Fee, die sich meiner erbarmt.« Als er aus dem Fenster sah, erblickte er keinen Schnee mehr, sondern Blumenwiesen bildeten die entzückende Aussicht. Er ging wieder in den großen Saal, in dem er am Vorabend gesessen hatte, und erblickte einen kleinen Tisch mit Schokolade. »Ich danke Euch, Frau Fee«, sagte er laut, »daß Ihr so gütig waret, an mein Frühstück zu denken.«

HEISSE SCHOKOLADE MIT ZIMT

FÜR 6 PERSONEN (1 1/4 L HEISSE SCHOKOLADE)
VORBEREITUNGSZEIT: 10 MINUTEN
KOCHZEIT: 15 MINUTEN

250 G BITTERSCHOKOLADE
(57% KAKAOANTEIL)
600 ML MILCH
400 G SAHNE
2 ZIMTSTANGEN

- Schokolade fein raspeln. In einer schweren Kasserolle Milch, Sahne und Zimt zum Sieden bringen.
- Kasserolle von der Kochstelle nehmen und die Mischung ziehen lassen. Zimtstangen herausnehmen und die geriebene Schokolade hinzufügen.
- Vorsichtig mit einem Schneebesen durchschlagen (die Schokolade muss vollständig geschmolzen sein).
- Noch einige Minuten unter ständigem Schlagen bei milder Hitze weiterkochen lassen, das macht die Schokolade sämiger und cremiger.

NUSS-VANILLE-GEBÄCK

FÜR ETWA 60 KEKSE (600 G TEIG)
VORBEREITUNGSZEIT: 40 MINUTEN
BACKZEIT: 8 MINUTEN

1 VANILLESCHOTE
230 G WEICHE BUTTER
90 G PUDERZUCKER
1 PRISE SALZ
1 EIWEISS (GROSS)
200 G WEIZENMEHL
70 G WALNUSSHÄLFTEN
ZUM VERZIEREN:
2 EL PUDERZUCKER
2 EL KAKAOPULVER

- Vanilleschote längs halbieren und mit einem spitzen Messer das Mark herauskratzen. Butter, Puderzucker, Salz und Vanillemark schaumig schlagen. Eiweiß dazugeben und weiter schlagen, bis die Mischung dickflüssig und schaumig ist.
- Das Mehl in eine Schüssel sieben mit den gemahlenen Walnüssen vermengen. Auf die Creme geben und mit einem Holzlöffel vorsichtig unterziehen.
- Backofen auf 200 °C (Gas Stufe 3) vorheizen. Den Teig in einen Spritzbeutel mit gezackter Tülle geben und kleine Häufchen auf ein mit Pergamentpapier belegtes Backblech spritzen.
- Etwa 8 Minuten backen, bis die Kekse leicht in die Breite gehen und eine schöne goldgelbe Farbe haben.
- Auf einem Kuchengitter auskühlen lassen und mit Puderzucker und Kakao bestäuben.

Babiole

MADAME D'AULNOY

Sogleich öffnete man ihm die Tür zu einem marmorverkleideten Saal. Er betrat ihn mit einigen Leuten seines Gefolges; aber die Affen sind wie Wühlmäuse, neugierig und verfressen, und so fanden sie gleich die Stelle, wo man die Vorräte des Palastes aufbewahrte. Und die Vielfraße haben nicht lange gezögert. Einer hielt einen Kristalltopf mit Aprikosenkonfitüre, der andere eine Flasche mit dem feinsten Sirup; einer stopfte sich mit Marzipan voll, der andere mit Pastetchen.

ÄPFEL IM FESTTAGSKLEID

FÜR 8 PERSONEN
VORBEREITUNGSZEIT: 40 MINUTEN
BACKZEIT: 40 MINUTEN

800 G BLÄTTERTEIG
(SIEHE ZUCKERHÖLZCHEN, SEITE 32)
8 ÄPFEL
FÜR DEN SIRUP:
1/2 L WASSER
3 VANILLESCHOTEN
500 G GROBER ZUCKER
ZUM BACKEN:
1 EI (KLEIN)
ZUM VERZIEREN:
50 G ZUCKER

- Am Vortag den Blätterteig und die Äpfel in Vanillesirup zubereiten.
- In einer Kasserolle Wasser mit den 3 längs halbierten Vanilleschoten zum Sieden bringen. Äpfel schälen, ohne den Stil zu entfernen und 10 Minuten in dem Sirup köcheln lassen. Im Topf abkühlen lassen und kalt stellen.
- Am Tag der Zubereitung den Teig auf einer leicht bemehlen Arbeitsfläche ausrollen. Die Hände vorsichtig unter den Teig schieben und ihn in alle Richtungen dehnen, damit er sich beim Schneiden nicht zusammenzieht. Den Teig in acht Quadrate von je 12 cm schneiden. Aus den Resten mit einem Förmchen Blätter ausstechen und beiseite stellen.
- Die Quadrate mit dem verschlagenen Ei bepinseln und vorsichtig je 1 Apfel darauf setzen. Teig zusammenschlagen und mit den Händen so formen, dass er die Form des Apfels annimmt. Zum Schluss die Blätter mit verschlagenem Ei ankleben.
- Die Äpfel 30 Minuten mit Frischhaltefolie abgedeckt kühl stellen.
- Backofen auf 200 °C (Gas Stufe 3) vorheizen. Die Äpfel mit dem verschlagenen Ei bepinseln und mit Zucker bestreuen. Backofen auf 180 °C (Gas Stufe 2) zurückschalten und etwa 40 Minuten backen.
- Die goldgelb und knusprig gebackenen Äpfel auf einem Kuchengitter abkühlen lassen. Lauwarm mit einer Vanille-Zimt-Creme servieren.

KONFITÜRE VON ORANGEN, KUMQUATS UND INGWER

Für 7 Gläser à 220 g
Vorbereitungszeit: 30 Minuten
Kochzeit: 30 Minuten

500 g unbehandelte Kumquats
500 g unbehandelte Orangen
800 g grober Zucker
Saft von 3 Zitronen
3 cm Ingwerwurzel

- 2 Tage vorher die Kumquats abspülen, vierteln, Kerne entfernen und in ein Mullsäckchen geben. Orangen abspülen und in sehr feine Scheiben schneiden.
- In einem Konfitüretopf die Kumquatviertel und Orangenscheiben mit Zucker, Zitronensaft und dem fein geriebenen Ingwer vermischen, das Mullsäckchen mit den Kernen dazugeben. Zum Sieden bringen, in eine Schüssel geben und mit Pergamentpapier abgedeckt eine Nacht kalt stellen.
- Am Vortag die Mischung erneut zum Sieden bringen, wieder in eine Schüssel geben und mit Pergamentpapier abgedeckt eine Nacht kalt stellen.
- Am Tag der Zubereitung die Mischung aufkochen und unter ständigem Rühren 5 Minuten kochen lassen. Sorgfältig entschäumen. Das Mullsäckchen mit den Kernen entfernen, noch einmal kurz aufkochen, Gelierprobe machen und sofort in Gläser füllen.

BABIOLES KÖSTLICHKEITEN

Für etwa 60 Baisers (500 g Teig)
Vorbereitungszeit: 20 Minuten
Backzeit: 2 Stunden

4 Eiweiss
1 Prise Salz
10 Tropfen Orangenblütenwasser
240 g Zucker
130 g Mandeln
Zum Verzieren:
2 EL Puderzucker

- In einer Schüssel Eiweiß mit Salz und Orangenblütenwasser zu Schnee schlagen, dabei 120 g Zucker einrieseln lassen.
- Die gemahlenen Mandeln und den restlichen Zucker vorsichtig mit einem Holzlöffel untermischen.
- Backofen auf 110 °C (Gas Stufe 0–1) vorheizen. Mit einem Spritzbeutel mit gezackter Tülle kleine Baiserhäufchen auf ein mit Pergamentpapier begelegtes Blech spritzen und 2 Stunden im Backofen trocknen lassen, bis sie aufgegangen sind und einen schönen cremefarbenen Ton angenommen haben. Vor dem Servieren mit Puderzucker bestäuben.

APRIKOSENKOMPOTT

Für 680 g Kompott
Vorbereitungszeit: 10 Minuten
Kochzeit: 15 Minuten

650 g vollreife Aprikosen
150 g grober Zucker
Saft von $^1/_2$ Zitrone
50 g Mandeln

- Aprikosen waschen, halbieren und entsteinen. Steine beiseite stellen
- In einer Schüssel Aprikosen, Zucker und Zitronensaft 1 Stunde ziehen lassen.
- Aprikosen in einem schweren Topf zum Kochen bringen und in eine Schüssel geben. Die Aprikosensteine mit einem Nussknacker öffnen, Aprikosenmandeln und Mandeln blättrig schneiden, vorsichtig untermischen. Kalt servieren.

GUGELHUPF

Für 8 Personen (1 kg Teig)
Vorbereitungszeit: 45 Minuten
Backzeit: 1 Stunde

100 g Rosinen
1,5 cl Kirschwasser
400 g Weizenmehl
25 g Bäckerhefe
200 ml Milch
60 g Zucker
1 EL Salz
1 Ei (klein)
180 g weiche Butter
50 g Mandeln
Zum Verzieren:
1 EL Puderzucker
Für die Form:
30 g Butter

- Rosinen in einem Schälchen in Kirschwasser einweichen, inzwischen den Teig vorbereiten.
- 100 g Mehl in eine kleine Schüssel sieben, Hefe und Milch dazugeben und verrühren. Den Vorteig mit Frischhaltefolie abdecken und 15 Minuten bei Zimmertemperatur (22 °C) gehen lassen. 300 g Mehl auf eine Arbeitsplatte sieben, eine Mulde in die Mitte drücken, Zucker und Salz auf den Rand streuen. Den Vorteig und das Ei in die Mulde geben und vorsichtig das Mehl unterkneten. Der Teig soll dann etwa 10 Minuten kräftig durchgeknetet werden, bis er nicht mehr an den Fingern klebt.
- Die weiche Butter unterarbeiten, dabei den Teig immer wieder schlagen. Ist er elastisch und glänzend, die Rosinen unterkneten, und den Teig wieder einige Minuten schlagen. Zu einer Kugel formen und in einer großen Schüssel mit einem Tuch abgedeckt 1 Stunde bei Zimmertemperatur gehen lassen.
- Hat der Teig die doppelte Größe erreicht, wird er einige Sekunden zwischen den Händen geknetet. Erneut abdecken und 20 Minuten bei Zimmertemperatur gehen lassen. (Der Teig kann auch am Vortag zubereitet werden. In diesem Fall mit Frischhaltefolie abgedeckt über Nacht im Kühlschrank aufbewahren und 20 Minuten vor der Weiterverarbeitung herausnehmen.)
- Eine große, 1 kg fassende Gugelhupfform (oder 15 kleine Förmchen à 60 g) gut einfetten. Die Mandeln 1 Minute in sehr heißes Wasser tauchen, in jede Rille der Form 1 Mandel legen und den Teig in die Form drücken. Mit einem Tuch abdecken und 1 Stunde und 30 Minuten bei Zimmertemperatur gehen lassen, bis er die doppelte Größe erreicht hat.
- Backofen auf 200 °C (Gas Stufe 3) vorheizen, nach einer Weile auf 180 °C (Gas Stufe 2) herunterschalten und den Gugelhupf 1 Stunde backen.
- Den Kuchen aus der Form nehmen und auf einem Gitter auskühlen lassen, dann mit Puderzucker bestreuen und mit Aprikosenkompott servieren.

Prinzessin Rosette

MADAME D'AULNOY

Als Rosette diesen Brief empfing,
war sie außerordentlich erfreut
und erzählte allen,
daß der Pfauenkönig gefunden sei
und sie heiraten wolle.
Es wurden Freudenfeuerwerke angezündet
und Zuckerwerk gereicht,
alle die zu der Prinzessin kamen,
wurden bewirtet.

WAFFELN

Für etwa 20 Waffeln (640 g Teig)
Vorbereitungszeit: 10 Minuten
Backzeit: 6 Minuten

250 g Zucker
100 ml Wasser
2 EL Butter
250 g Weizenmehl
2 Eier
2 EL Öl
Zum Verzieren:
2 EL Puderzucker

- Zucker und kaltes Wasser in einer Schüssel verrühren. Butter in einer kleinen Kasserolle schmelzen.
- Das Mehl in eine Schüssel sieben, eine Mulde in die Mitte drücken, Eier, geschmolzene Butter und Zuckerwasser hineingeben. Mit einem Holzspachtel schnell das Mehl in die Mitte schieben und den Teig gut durcharbeiten, bis er glatt und klumpenfrei ist. Mit einem Tuch abdecken und 15 Minuten ruhen lassen.
- Waffeleisen vorheizen, mit Öl auspinseln und eine kleine Schöpfkelle Teig hineingeben. Bei fest verschlossenem Waffeleisen und starker Hitze etwa 3 Minuten backen. Das Waffeleisen muss vor jedem Backvorgang wieder eingeölt werden.
- Die lauwarmen Waffeln mit Puderzucker bestäuben und mit einer Vanille-Karamell-Creme oder mit einer Fruchtsuppe servieren.

SOMMERWEIN

Für 8 Personen
Vorbereitungszeit: 20 Minuten

1 reifer Pfirsich
1 unbehandelte Orange
1 unbehandelte Zitrone
1 l Gewürztraminer
250 g Zucker
3 Gewürznelken
2 Zimtstangen
1 1/2 TL zerstossener Koriander
3 weisse Pfefferkörner
1/4 geriebene Muskatnuss
abgeriebene Schale
von 1 unbehandelten Zitrone
Schale von
1 unbehandelten Orange
Saft von 1 Zitrone

- Obst am Vortag waschen. Den Wein in ein großes Glas geben, Zucker, Gewürze, die mit einem Gemüseschäler abgeschälte Orangenschale, geriebene Zitronenschale, Zitronensaft und die geviertelten Früchte dazugeben. Umrühren und 12 Stunden ziehen lassen.
- Vor dem Servieren filtern, kalt stellen und mit zerstoßenem Eis reichen.

Prinzessin Eierschale und Prinz Bonbon

MADEMOISELLE DE LUBERT

Man kann ihn nicht besser beschreiben, als indem man sagt, daß er nach Prinzessin Eierschale das vollkommenste Wesen der Welt war.

Er ritt ein wundervolles Wildpferd, dessen Fell weißer schimmerte als Schnee; der Sattel war aus Lebkuchen, die Steigbügel aus Orangenschalen und die Zügel aus Zuckerwerk.

Dieser liebenswürdige Ritter trug eine Rüstung aus Kandiszucker, der Mantel von der Farbe kandierter Zitronen, der um seine Schultern hing, wurde von einer Spange aus Orangenblüten zusammengehalten.

Seine Equipage bestand aus sechzig Reitern, die wundervolle Körbe aus Zitronenschale trugen, gefüllt mit Zuckerdragees, kandierten Nüssen, Knallbonbons, Zuckerplätzchen, Eiserkuchen, Cremetorten, Marzipan, Rahmtörtchen, Baisers, Waffeln, Zuckerbrot, Fruchtgelee, Konfitüre, Schlagsahne, Anis aus Verdun, Lebkuchen aus Reims, Biskuit aus Le Havre, Cervelatwurst aus der Rue des Bars, Käse aus Holland und Seifen aus Boulogne.

ANISKNÖPFCHEN

FÜR ETWA 50 KEKSE (265 G TEIG)
VORBEREITUNGSZEIT: 25 MINUTEN
BACKZEIT: 10 MINUTEN

1 EI (GROSS)
100 G ZUCKER
100 G WEIZENMEHL
2 TL ANISSAMEN
FÜR DAS BLECH:
1 EL BUTTER
1 EL WEIZENMEHL
ZUM VERZIEREN:
ZUCKERGUSS
(SIEHE RIQUETS HOCHZEITSKUCHEN, SEITE 70)

- Am Vortag den Teig zubereiten: Ei und Zucker mit der Küchenmaschine zu einer schaumigen, hellgelben Creme schlagen.
- Das Mehl auf ein Stück Pergamentpapier sieben, mit den Anissamen bestreuen und vorsichig mit einem Holzspachtel unter die Eiermischung ziehen.
- Mit einem Spritzbeutel mit glatter Tülle 2 cm große Häufchen auf eine leicht gebuttertes und bemehltes Blech setzen. Die Kekse müssen einen Abstand von 4 cm haben, damit sie gleichmäßig backen.
- Eine Nacht bei Zimmertemperatur (22 °C) trockenen lassen.
- Den Backofen auf 170 °C (Gas Stufe 1–2) vorheizen und die Kekse etwa 10 Minuten backen, bis sie aufgegangen und im unteren Teil honiggelb sind.
- Auf dem Backblech abkühlen lassen. Aus Pergamentpapier eine Spritztüte falten und mit Zuckerguss verzieren.

CREMETORTE

Für 8 Personen
Vorbereitungszeit: 1 Stunde 20 Minuten
Backzeit: 15 Minuten

Für 400 g Sandteig:
170 g Weizenmehl
1 Prise Salz
2 EL gemahlene Haselnüsse
100 g weiche Butter
60 g Puderzucker
20 g Nougatmasse
1 Eiweiss
Für 400 g Mandelcreme:
100 g weiche Butter
80 g Puderzucker
2 Eier
40 g Weizenmehl
100 g fein gemahlene Mandeln
1 TL abgeriebene Schale
von 1 unbehandelten Zitrone
Zum Verzieren:
400 g Crème fraîche
40 g Puderzucker
Für den Karamell:
70 ml Wasser
250 g grober Zucker
3 Tropfen Zitronensaft

- Am Vortag den Sandteig zubereiten. Das Mehl auf eine Arbeitsplatte sieben und eine Mulde hineindrücken. Salz und gemahlene Haselnüsse auf den Rand streuen. Butter, Puderzucker und Nougatmasse in die Mulde geben und mit den Fingerspitzen vermischen. Leicht zwischen den Handflächen mit dem Mehl zu einer krümeligen Mischung verreiben.
- Eiweiß zugeben und vorsichtig, aber nicht zu lange zu einem glatten Teig verkneten. Den Teig zu einer Kugel formen und in Frischhaltefolie gewickelt bis zum nächsten Tag im Kühlschrank ruhen lassen.

- Am Tag der Zubereitung den Teig auf einer leicht bemehlten Arbeitsfläche zu einem Kreis von 34 cm Durchmesser und 3 mm Dicke ausrollen. Eine Springform von 26 cm einfetten und mit dem Teig auslegen. Leicht mit den Fingerspitzen andrücken und den Rand auf 3 cm Höhe abschneiden. Den Boden mit der Gabel einstechen und mit Frischhaltefolie abgedeckt 30 Minuten kalt stellen.

- Backofen auf 180 °C (Gas Stufe 2) vorheizen.
- Für die Mandelcreme in einer Schüssel Butter und Puderzucker mit dem Handrührer schlagen, bis die Masse hell und cremig ist. Eier dazugeben und einige Minuten weiterschlagen.

- Mit den Fingerspitzen Mehl, gemahlene Mandeln und abgeriebene Zitronenschale vermischen, auf die Eiercreme streuen und vorsichtig mit einem Holzspachtel unterziehen. Die Mandelcreme gleichmäßig auf den Tortenboden streichen und etwa 15 Minuten backen, bis die Creme in der Mitte aufgegangen ist und der Rand des Bodens Farbe angenommen hat.
- Den Kuchen aus der Form nehmen und auf einem Tortengitter abkühlen lassen.
- Für den Karamell in einer schweren Kasserolle das Wasser mit Zucker und Zitrone aufkochen. Mit einem angefeuchteten Pinsel die Unreinheiten des Zuckers vom Topfrand entfernen. Hat der Karamell 155 °C erreicht (mit einem Zuckerthermometer kontrollieren), ist er klar (Großer Bruch), kalt ist er dann knusprig wie ein Bonbon.
- Kasserolle von der Kochstelle nehmen. Mit einer Gabel Karamellfäden so auf eine mit Pergamentpapier begelegte Platte träufeln, dass sich ein Spitzenmotiv ergibt. Ist der Karamell erstarrt, löst er sich leicht vom Papier.
- Mandeltorte mit Creme fraîche überziehen, mit Puderzucker bestäuben und mit dem Karamell verzieren.
- Zu dieser Torte schmeckt eine mit Zitrusschale und Gewürzen parfümierte Vanillecreme oder eine Suppe von roten und Zitrusfrüchten.

EINGELEGTE WALNÜSSE

FÜR ETWA 25 WALNÜSSE
VORBEREITUNGSZEIT: 1 STUNDE
KOCHZEIT: 3 STUNDEN

500 G GRÜNE WALNÜSSE
SAFT VON 2 ZITRONEN
SALZ
FÜR DEN SIRUP:
1 L GEWÜRZTRAMINER
250 G GROBER ZUCKER
SAFT VON 2 ZITRONEN
1 ZIMTSTANGE
1 TL GEMAHLENER KARDAMOM
5 UNBEHANDELTE ZITRONEN

- Grüne Walnüsse (sie müssen vor dem Johannistag gepflückt werden), bei denen sich die holzige Schale noch nicht gebildet hat, sind zart und milchig.
- 2 Tage zuvor die Nüsse schälen und viermal der Länge nach einschneiden. In einer Kasserolle mit Wasser, dem Saft von 1 Zitrone und einer Prise Salz aufkochen und 1 Stunde köcheln lassen. In einer mit Pergamentpapier abgedeckten Schüssel über Nacht ziehen lassen.
- Am nächsten Tag das Kochwasser wechseln, Saft von 1 Zitrone und eine Prise Salz zugeben und erneut aufkochen, 30 Minuten köcheln lassen. Dieser Vorgang muss so oft wiederholt werden, bis den Nüssen die Bitterstoffe entzogen sind.
- In einem Konfitüretopf $^{1}/_{2}$ l Wein mit Zucker, Zitronensaft und Gewürzen aufkochen. Die Nüsse in diesem Sirup köcheln lassen, bis sie weich sind. In eine Schüssel geben und über Nacht abkühlen lassen.
- Am nächsten Tag die Zitronen mit einem Gemüseschäler schälen. Die Walnüsse aus dem Sirup heben, mit einem spitzen Messer bis in die Mitte einschneiden und mit einem Stück Zitronenschale umwickeln.
- Die umwickelten Nüsse wieder in den Sirup geben und aufkochen, $^{1}/_{2}$ l Wein zugeben und köcheln lassen, bis die Zitronenschale kandiert ist. Die Nüsse passen hervorragend zum Sommerwein auf Seite 118.

IN QUITTENSAFT KANDIERTE ORANGENSCHALE

Für 24 kandierte Orangenschalen
Vorbereitungszeit: 1 Stunde
Kochzeit: 2 Stunden

Für den Quittensaft:
10 reife Quitten
3 l Wasser

Für die kandierten Orangenschalen:
6 unbehandelte Orangen
1 1/2 l Quittensaft
750 g grober Zucker
Saft von 1 Zitrone
1 TL Salz
1/2 TL gemahlener Kardamom
1/2 TL gemahlener Zimt
1/2 TL gemahlener Sternanis

- Für den Quittensaft die Früchte abwischen, um die Härchen zu entfernen, waschen, den Stil entfernen und vierteln. Die Quittenstücke in eine Edelstahlkasserolle geben und mit Wasser bedecken. Aufkochen und unter zeitweiligem Rühren 1 Stunde bei milder Hitze köcheln lassen. Die Früchte durch ein Spitzsieb ausdrücken, den Saft durch ein Siebtuch filtern und über Nacht an einem kühlen Ort stehen lassen.
- Für die kandierten Orangenschalen die Früchte abspülen und vierteln, dann mit einem Löffel das Fruchtfleisch herauskratzen, ohne die Schale zu beschädigen.
- Die Schalen 5 Minuten in einer Kasserolle mit kochendem Salzwasser blanchieren. Herausheben und auf einem Tuch abtropfen lassen.
- In einem Konfitüretopf den Quittensaft mit Zucker, Zitronensaft und Gewürzen zum Sieden bringen. Die Orangenschalen dazugeben und kurz kochen lassen. In einer Schüssel abkühlen lassen und mit Pergamentpapier abgedeckt über Nacht kalt stellen.
- Am nächsten Tag die Orangenschalen in dem Sirup zum Sieden bringen und kurz kochen lassen. Wieder in einer Schüssel abkühlen lassen und mit Pergamentpapier abgedeckt eine Nacht kalt stellen. Der Vorgang muss so oft wiederholt werden, bis die Orangenschalen durch und durch kandiert sind.
- Durch das lange Einkochen konzentriert sich der Quittensaft und eignet sich zu einem mit Zitrusfrüchten und Gewürzen aromatisierten Gelee. Dazu den Sirup erneut in einem Konfitüretopf aufkochen lassen und sorgfältig abschäumen. Gelierprobe machen (einen Tropfen auf einen kalten Teller geben, wenn er erstarrt, ist der Gelee fertig). Den Sirup ein letztes Mal aufkochen, in Gläser füllen und verschließen.

Aschenputtels Imbiss

CHARLES PERRAULT

Der Sohn des Königs wies ihr den ehrenvollsten Platz an und führte sie anschließend zum Tanz: Sie tanzte mit soviel Anmut, daß man sie nur noch mehr bewunderte. Ein prächtiges Mahl wurde aufgetragen, doch der junge Prinz rührte nichts an, so sehr war er in ihren Anblick versunken. Sie ließ sich neben ihren Schwestern nieder und erwies ihnen tausend Freundlichkeiten, sie teilte die Orangen und Zitronen mit ihnen, die ihr der Prinz geschenkt hatte; darüber waren sie sehr erstaunt, denn sie erkannten sie nicht.

BIRNEN IN GEWÜRZTEM WEIN

FÜR 8 PERSONEN
VORBEREITUNGSZEIT: 15 MINUTEN
KOCHZEIT: 30 MINUTEN

8 KLEINE WILLIAMSBIRNEN
FÜR DEN SIRUP:
$1\frac{1}{2}$ L GEWÜRZTRAMINER
500 G ZUCKER
SAFT VON 1 ZITRONE
SAFT VON 1 ORANGE
2 VANILLESCHOTEN
GERIEBENE SCHALE VON 1 UNBEHANDELTEN ORANGE
$\frac{1}{2}$ TL GEMAHLENER KARDAMOM
2 ZIMTSTANGEN
$\frac{1}{2}$ TL GEMAHLENER STERNANIS

- Am Vortag in einer schweren Kasserolle Wein, Zucker, Zitronen- und Orangensaft, Vanilleschoten und die Gewürze zum Sieden bringen.
- Die Birnen (sie müssen reif, aber noch fest sein) schälen und vorsichtig in den gewürzten Sirup geben. Den Sirup wieder zum Sieden bringen, und die Birnen 5 Minuten kochen lassen. Von der Kochstelle nehmen, und über Nacht kalt stellen.
- Am Tag der Zubereitung die Birnen aus dem Sirup heben und diesen noch einmal aufkochen. Die Birnen wieder hineingeben und 5 Minuten köcheln lassen. Von der Kochstelle nehmen und abkühlen lassen.
- Zu den Birnen in Wein schmeckt Vanilleeis besonders gut.

GEBRATENE FEIGEN IN VANILLE-KARAMELL-SAUCE

FÜR 8 PERSONEN
VORBEREITUNGSZEIT: 10 MINUTEN
BACKZEIT: 20 MINUTEN

20 KLEINE FRISCHE FEIGEN
FÜR DEN KARAMELL:
250 G ZUCKER
50 G BUTTER
50 ML WASSER
350 G SAHNE
3 VANILLESCHOTEN

- Feigen abspülen und vorsichtig trocken tupfen. In einer Kasserolle Wasser zum Sieden bringen und die Feigen 3 Minuten darin pochieren. Mit einer Schaumkelle herausheben.
- Zucker, Butter und Wasser in einer beschichteten Pfanne zum Kochen bringen, der Karamell wird zunächst hellgelb und schaumig. Unter vorsichtigem Rühren mit einem Holzspachtel abwarten, bis er braun wird.
- Die Sahne und die längs halbierten Vanilleschoten dazugeben. Erneut aufkochen und die Feigen dicht an dicht in den Karamell setzen. Wieder aufkochen und 10 Minuten bei mittlerer Temperatur köcheln lassen, dabei immer wieder mit dem Karamell begießen.
- Die Feigen in eine feuerfeste Porzellanform geben und mit dem Karamell übergießen. Dazu passt ein Birnen-Granité.

FRITTIERTE HOLUNDERBLÜTEN

FÜR 8 PERSONEN
VORBEREITUNGSZEIT: 10 MINUTEN
KOCHZEIT: 4 MINUTEN

16 HOLUNDERBLÜTENRISPEN
(AM WALDRAND ODER
IM GARTEN GEPFLÜCKT)
250 G WEIZENMEHL
200 ML MILCH
125 G CREME FRAÎCHE
2 EIGELB
50 G ZUCKER
1 PRISE SALZ
50 G BLÜTENHONIG
50 ML BIER
2 EIWEISS
ZUM FRITTIEREN:
ERDNUSSÖL
ZUM VERZIEREN:
50 G PUDERZUCKER

- Holunderblüten abspülen und mit einem Tuch trockentupfen.
- Das Mehl in eine Schüssel sieben und eine Mulde hineindrücken. Milch, Creme fraîche, Eigelb, Zucker, Salz, Honig und Bier dazugeben und mit einem Schneebesen verschlagen. Der Teig muss glatt und ohne Klumpen sein. 30 Minuten kalt stellen.
- Eiweiß mit einem elektrischen Handrührer zu Schnee schlagen und den Ausbackteig vorsichtig mit einem Holzlöffel unterziehen.
- Das Öl in einer Kasserolle auf 180 °C erhitzen. Die Holunderblüten am Stil fassen, in den Teig tauchen und sofort in Öl goldgelb backen. Mit einem Schaumlöffel herausheben und auf Küchenkrepp abtropfen lassen.
- Reichlich mit Puderzucker bestäuben und lauwarm servieren. Anstelle von Holunderblüten kann man auch Akazienblüten verwenden.

IM WUNDERLAND

Der Berg der Feen ist, wie man sagt, nicht sehr weit.
Aber wo ist der blaue Vogel, der mich hinträgt?
(LI CHANG YIN, *Der blaue Vogel*)

SOBALD SIE DIE GESTELLTEN AUFGABEN GELÖST HABEN, GELANGEN UNSERE HELDEN INS WUNDERLAND.

Wie weit die kleine Hütte der Kindheit und die Zeit, da unsere Helden noch nichts über die Welt wussten, doch zurückliegt! Sie sind erwachsen geworden. Nun haben sie die Taschen voller Gold und sind jemand Besonderer. Bei ihrer Heimkehr wird ihnen ein triumphaler Empfang bereitet. Sie können die Eltern ernähren und mit Geschenken überhäufen. Jack schenkt seiner Mutter den Schatz, den er dem Menschenfresser gestohlen hat. Dank seiner Siebenmeilenstiefel wird der Däumling zum Boten des Königs ernannt. Er ist schneller als der Wind und trägt die Briefe in alle Himmelsrichtungen aus. Die Eltern hatten ihn ausgesetzt, weil sie nichts zu essen hatten, und nun bietet er ihnen die erlesensten Speisen im Überfluss. Der gestiefelte Kater empfängt den König und seine Tochter in eben dem Schloss, das er erobert hat, indem er den Menschenfresser verschlang.

Wer denkt jetzt noch daran, dass er der Kater eines einfachen Müllers war? Im Märchenland sind die Grenzen zwischen dem Wahrscheinlichen und dem Unwahrscheinlichen aufgehoben. Ein Schlag mit dem Zauberstab reicht aus, um die Zeit anzuhalten und hässliche Wesen in schöne Prinzen zu verwandeln.

In diesem Land besitzen viele Gegenstände Zauberkräfte: Die Siebenmeilenstiefel haben die Fähigkeit, größer oder kleiner zu werden, um sich jeweils dem anzupassen, der sie trägt. Der gläserne Schuh schmiegt sich an den feinsten Fuß. Die Tiere sprechen und verfügen über außergewöhnliche Gaben. Die Hühner legen goldene Eier, und die Esel lassen jeden Morgen Goldtaler fallen, wie in *Eselshaut*.

Es ist ein Land, in dem die Siebenschläfer in Teekannen schlafen, wo der Pudding plötzlich vom Teller springt und zu sprechen beginnt, wo der Törtchenkönig seinem Nachbarn den Krieg erklärt, weil er nicht duldet, dass seine Kuchen mit Rosenwasser aromatisiert werden.

Im Märchenland leben auch Feen von unvergleichlicher Schönheit: »Im selben Augenblick erschien

in einem von hundertfünfzig Lerchen gezogenen Wagen aus massivem Gold die Fee Drôlette in all ihrer Schönheit. Sie trug ein Kleid aus bunten, schimmernden Schmetterlingsflügeln, von ihren Schultern fiel ein aus Diamanten gewobener Mantel mit einer zehn Schritte langen Schleppe, der so fein gearbeitet war, daß er leicht wie Gaze war. Ihr Haar, das glänzte wie güldene Seide, zierte eine Krone von Karfunkelsteinen, die strahlte wie die Sonne. Und jedes der Pantöffelchen war aus einem ganzen Rubin gearbeitet.« (Comtesse de Ségur, *Nouveaux contes de fées*)

Es ist ein Land, in dem es Bücher gibt, auf deren Seiten nichts zu erkennen ist, wenn man darauf sieht, so als wären sie in Mondschrift geschrieben und deren Buchstaben »unsichtbar sind, wenn man sie betrachtet. Man kann sie nur lesen, wenn der Mond von hinten auf das Papier scheint, und das Besondere daran ist, daß der Mond dieselbe Form haben und die Jahreszeit die gleiche sein muss, wie an jenem Tag, als die Buchstaben geschrieben wurden. Sie wurden von den Zwergen erfunden, die sie mit silbernen Spitzen schrieben.« (J. R. R. Tolkien, *Der Hobbit*)

Ein Land, in dem die Worte, ganz so wie die Feen, Flügel aus feiner Spitze haben, mit denen sie von einem Märchen zum anderen fliegen können.

Und sicher haben Sie erraten, dass dieses Wunderland das Land der Literatur ist. Es ist das Märchen selbst.

Die wunderbare Prinzessin aus *Le Mouton*

MADAME D'AULNOY

Schließlich öffnete sich mit einemmal eine weite Ebene vor ihr, die ganz mit tausenden verschiedener Blumen überzogen war, und ihr wohlriechender Duft übertraf alles, was sie bisher gerochen hatte; rundherum floß ein breiter Fluß aus Orangenblütenwasser, es gab Brunnen mit spanischem Wein; Sonnentau, Sommerwein und tausend Likörsorten bildeten Wasserfälle und bezaubernde kleine Bächlein. Auf dieser Ebene gab es auch eigentümliche Bäume, ganze Alleen von Rebhühnern, die von Zweigen hingen, besser gespickt und gebraten als bei Guerbois, in anderen Alleen waren es Täubchen, Kaninchen, Truthähne, Hühner, Fasanen und Ortolane, und an einigen Stellen, an denen die Luft dunkler schien, regnete es Krebssuppe, Kräutersuppe, Stopfleber, Kalbsbriesragout, Weißwürste, Würste, Pasteten, Terrinen, Marmelade, Gelees, Goldstücke, Taler, Perlen und Diamanten.

TERRINE VON GÄNSE- UND ENTENLEBER

FÜR 8 PERSONEN
VORBEREITUNGSZEIT: 25 MINUTEN
KOCHZEIT: 50 MINUTEN

1 GÄNSESTOPFLEBER VON ETWA 500 G
1 ENTENSTOPFLEBER VON ETWA 500 G
1 EL FEINES SALZ
1 MSP. GEMAHLENER PFEFFER
1 TL ROHRZUCKER
80 ML WALNUSSLIKÖR

- Am Vortag die Lebern in eine Schüssel legen, mit kaltem Wasser und Eiswürfeln bedecken und 3 Stunden wässern. Auf ein Küchentuch legen und 1 Stunde bei Zimmertemperatur beiseite stellen.
- Um die Lebern zu reinigen, die Lappen vorsichtig aufklappen und Sehnen und Blutgefäße mit einem kleinen, scharfen Messer entfernen. Die Lebern wieder zusammenklappen und in eine Terrine legen. Mit Salz, Pfeffer und Zucker bestreuen und mit dem Walnusslikör beträufeln. Die Lebern fest zusammenpressen, mit Frischhaltefolie abdecken, kühl stellen und 24 Stunden ziehen lassen.
- Boden und Seitenwände einer Terrine mit Backpapier auslegen, das weit über die Kanten stehen soll, und den Backofen auf 60 °C vorheizen.
- Die Lebern auf ein Küchentuch legen, dann in die Terrine drücken und das Backpapier darüber zusammenschlagen. Mit einem Holzbrettchen und einem Gewicht beschweren und die Terrine im Wasserbad 50 Minuten im Backofen garen.
- Die noch immer beschwerten Stopflebern bei Zimmertemperatur abkühlen lassen und dann kalt stellen.

WEISSWÜRSTE

Für 8 Personen
Zubereitungszeit: 45 Minuten
Kochzeit: 20 Minuten

100 g weiche Butter
2 Zwiebeln
500 g Kalbsnuss
500 g Bauchspeck
4 Eier
30 g Creme fraîche
1 EL Salz
Pfeffer aus der Mühle
je 1 Msp. Muskatnuss und Zimt
200 g Kalbsbries
Schweinedarm
2 EL Butter
2 EL Erdnussöl
80 ml Trüffelsaft
1 kleine Trüffel (aus dem Glas)

- 50 g weiche Butter cremig schlagen und beiseite stellen. Zwiebeln schälen und fein würfeln. In einer beschichteten Pfanne die Zwiebeln in der restlichen Butter anbraten und beiseite stellen.
- Für die Füllung Kalbsnuss und Bauchspeck in Würfel scheiden und durch die feine Scheibe des Fleischwolfs drehen. Die cremige Butter und nacheinander die Eier dazuzugeben und gut verrühren. Creme fraîche, Zwiebeln und Gewürze hinzufügen, abschmecken und das fein gewürfelte Kalbsbries vorsichtig untermischen.
- Die Masse mit einem Spritzbeutel und einer glatten Tülle von 12 cm Durchmesser in den Schweinedarm füllen. Kleine Würste abbinden indem man den Darm alle 5 cm zweimal umdreht und dann weiter füllt.
- In einer großen Kasserolle Salzwasser zum Sieden bringen und die Würste 20 Minuten bei milder Hitze pochieren. Während des Kochens müssen die Würste vorsichtig mit einer Nadel eingestochen werden.
- Sind die Würste gar, in einer beschichteten Pfanne Butter und Öl erhitzen und darin braten. Mit dem Trüffelsaft ablöschen, die in feine Stifte geschnittene Trüffel vorsichtig in die Sauce rühren und sofort servieren.

FESTLICHE BLÄTTERTEIGPASTETE

Für 8 Personen
Vorbereitungszeit: 1 Stunde 15 Minuten
Backzeit: 50 Minuten

1 kg Blätterteig
(siehe ZUCKERHÖLZCHEN, Seite 32)
je 1 Msp. Muskatnuss, Nelken und Zimt
1 TL Pfeffer aus der Mühle
1 EL Salz
100 ml Riesling
500 g Entenbrust
500 g Putenbrust
1 Zwiebel
1 Bund glatte Petersilie
2 EL Butter
2 EL Erdnussöl
100 g Brät (vom Metzger)
Zum Backen:
1 Ei (klein)
Für die Form: 30 g Butter

- Am Vortag den Teig zubereiten und das Fleisch marinieren. Für die Marinade in einer Schüssel Gewürze und Wein verrühren, das in feine Streifen geschnittene Fleisch dazugeben und mit

Pergamentpapier abgedeckt über Nacht kalt stellen.

- Am Tag der Zubereitung 600 g Teig auf einer leicht bemehlten Arbeitsfläche zu einem 38 cm großen und 3 mm dicken Kreis ausrollen. Eine Form von 26 cm Durchmesser mit glattem Rand einfetten und mit dem Teig auslegen, mit den Fingerspitzen andrücken, der Rand soll 2 cm hoch sein.
- Den Teig mit einer Gabel einstechen und mit Frischhaltefolie abgedeckt 30 Minuten kalt stellen.
- 400 g Teig zu einem 26 cm großen und 3 mm dicken Kreis ausrollen, um die Kuchenrolle schlagen und auf eine mit Pergamentpapier belegte Platte legen. Mit Frischhaltefolie abdecken und kalt stellen. Nun den restlichen Teig 2 mm dick ausrollen, ebenfalls auf eine mit Pergamentpapier belegte Platte legen und mit Frischhaltefolie abgedeckt kalt stellen.
- Zwiebel schälen und würfeln, Petersilie abspülen und fein hacken. Zwiebel und Petersilie bei geschlossenem Deckel in Butter und Öl andünsten, in eine Schüssel geben und abkühlen lassen. Dann das Brät und die marinierten Fleischstreifen dazugeben und sorgfältig vermischen.
- Backofen auf 210 °C (Gas Stufe 3–4) vorheizen. Die Farce auf den Blätterteigboden geben, die Ränder nach innen schlagen, so dass sie einen Teil der Füllung bedecken und mit einem Pinsel mit Wasser bestreichen.
- Den zweiten Teigkreis um eine Kuchenrolle schlagen und vorsichtig auf den Kuchen legen. Mit dem verschlagenen Ei bepinseln. Aus dem restlichen Teig mit einem Förmchen Eichenblätter ausstechen, mit einem spitzen Messer dekorativ einritzen und auf die Torte legen. Mit dem verschlagenen Ei bepinseln und ein Loch in die Mitte des Teigdeckels schneiden, damit der Dampf abziehen kann.
- Backofen auf 180 °C (Gas Stufe 2) herunterschalten und die Blätterteigtorte 50 Minuten backen, bis sie schön aufgegangen ist und eine goldgelbe Farbe hat.
- Die Torte ist gar, wenn der Fleischsaft klar ist. Aus der Form nehmen und sofort servieren. Dazu frischen Salat mit Kräutern reichen.

Alice im Wunderland

Lewis Caroll

»Der Siebenschläfer schläft schon wieder«, sagte der Hutmacher und goß ihm ein paar Tropfen heißen Tee auf die Nase.

Der Siebenschläfer schüttelte sich unwillig und murmelte: »Klar, klar, genau das wollte ich auch sagen!«

[…] Da sah sie unter dem Tisch ein kleines Glaskästchen, und darin lag ein ganz kleiner Kuchen, auf dem in Rosinenbuchstaben stand: »ISS MICH«. »Gut, dann esse ich ihn eben«, sagte Alice. »Wenn er mich größer macht, komme ich an den Schlüssel, und wenn er mich kleiner macht, dann krieche ich unter der Tür durch. Jedenfalls komme ich in den Garten – egal wie!«

Sie biß ein Stückchen ab und fragte sich besorgt: »Was jetzt? Hinauf oder hinunter?« Sie legte die Hand auf den Kopf, damit sie spürte, in welche Richtung es ging. Zu ihrer Überraschung geschah gar nichts. Natürlich ist es meistens so, wenn man ein Stück Kuchen ißt. Aber Alice hatte sich schon so dran gewöhnt, daß ständig etwas Ungewöhnliches passierte; und jetzt fand sie das Normale ziemlich langweilig.

Dann biß sie wieder in den Kuchen und hatte ihn bald aufgegessen.

KATZENZUNGEN

FÜR ETWA 50 KATZENZUNGEN (200 G TEIG)
VORBEREITUNGSZEIT: 25 MINUTEN
BACKZEIT: 6 MINUTEN

50 G PUDERZUCKER
50 G WEICHE BUTTER
1 EIWEISS (GROSS)
60 G WEIZENMEHL
ZUM VERZIEREN:
100 G BITTERSCHOKOLADE
(57% KAKAOANTEIL)
ZUM BACKEN:
1 EL BUTTER

- In einer Schüssel Puderzucker und Butter schaumig schlagen. Das Eiweiß mit einem Schneebesen unterschlagen. Das gesiebte Mehl unter ständigem Rühren einrieseln lassen, bis ein glatter Teig entsteht.
- Den Backofen auf 200 °C (Gas Stufe 3) vorheizen. In einer kleinen Kasserolle die Butter schmelzen und mit einem Pinsel das Backblech gleichmäßig damit einstreichen. Die Schicht muss sehr dünn sein (durch zu viel Butter werden die Kekse dünn und zerbrechlich). Mit einem Spritzbeutel und einer glatten Tülle von 6 mm Durchmesser 5 cm lange Plätzchenn auf das Blech spritzen und etwa 6 Minuten backen, bis die Kekse in die Breite gegangen und an den Rändern hellbraun sind. Auf dem Blech auskühlen lassen.
- Die Schokolade schmelzen (siehe *Die Juwelen der Bienenkönigin*, Seite 48). Mit einem kleinen Metallspachtel die Unterseite jedes Plätzchen mit einer feinen Schokoladenschicht überziehen. Auf ein Kuchengitter legen, bis die Schokolade fest ist.
- In einer Metalldose aufbewahren.

DER KUCHEN »ISS MICH«

FÜR 8 PERSONEN (1100 G BISKUITTEIG)
VORBEREITUNGSZEIT: 45 MINUTEN
BACKZEIT: 40 MINUTEN

250 G WEICHE BUTTER
200 G ZUCKER
4 EIER
2 EIGELB
250 G WEIZENMEHL
1 EL BACKPULVER
1 MÖHRE
50 G GEMAHLENE MANDELN
1 TL GEMAHLENER KARDAMOM
FÜR DEN ZUCKERGUSS:
200 G PUDERZUCKER
1 EIWEISS (GROSS)
SAFT VON $^1/_2$ ZITRONE
FÜR DIE FORM:
1 EL BUTTER
1 EL WEIZENMEHL

- Butter und Zucker schaumig rühren. Eier und Eigelb nacheinander dazugeben und schlagen, bis die Masse dickflüssig und schaumig ist.
- Mehl und Backpulver durchsieben. Möhre waschen und fein würfeln. Mehl, Backpulver, Mandeln, Möhre und Kardamom auf die Butter-Eier-Masse geben und mit einem Holzlöffel vorsichtig unterziehen.
- Den Backofen auf 180 °C (Gas Stufe 3) vorheizen. Eine Form von 22 cm Durchmesser einfetten und mit Mehl bestäuben. Den Teig hineingeben und etwa 40 Minuten backen, bis er goldgelb ist und beim Anstechen mit dem Messer die Klinge beim Herausziehen sauber bleibt. Den Kuchen aus der Form nehmen und auf einem Tortengitter auskühlen lassen.
- Für den Zuckerguss Puderzucker und Eiweiß zu Schnee schlagen, dabei nach und nach den Zitronensaft dazugeben.
- Für die Verzierung mit einem Spritzbeutel (gezackte Tülle) ›ISS MICH‹ auf den Kuchen schreiben und um den unteren Rand eine gewellte Linie spritzen.

Das Zauberbuch des Prinzen Krummhals

aus *Der goldene Zweig*

MADAME D'AULNOY

Als es nicht mehr hell genug war, um die Bilder zu unterscheiden, ging er in sein Zimmer zurück, nahm eine alte Schrift, die ihm zuerst in die Hand fiel; [...] er versuchte zu lesen, was darin geschrieben war, aber es gelang ihm nicht. Plötzlich sah er, daß auf einem der Blätter, auf welchem Musikanten abgebildet waren, diese anfingen zu singen, und daß auf einem anderen Blatt, auf welchem sich Karten- und Würfelspiele befanden, die Karten und Würfel hin- und herflogen. Er wendete das Pergament um und erblickte einen Ball, wo man tanzte; alle Damen waren geschmückt und von wunderbarer Schönheit; er drehte noch ein Blatt um und roch den Duft eines köstlichen Mahls: es waren kleine Gestalten, welche aßen, die größte war einen Daumen lang. Die eine wendete sich sogar zu dem Prinzen: »Auf deine Gesundheit, Krummhals«, rief sie, »denke daran, uns unsere Königin wiederzugeben. Wenn du es tust, wird es dir wohlgehen, wenn nicht, so wird es dir übel ergehen.«

PRINZ KRUMMHALS' LECKEREIEN

FÜR 10 PERSONEN
VORBEREITUNGSZEIT: 2 STUNDEN 30 MINUTEN
BACKZEIT: 30 MINUTEN

FÜR DEN WINDBEUTELTEIG (55 WINDBEUTEL):
100 ML MILCH, 50 G BUTTER
1 PRISE SALZ, 1 TL ZUCKER
70 G WEIZENMEHL, 2 EIER
ZUM BACKEN:
1 EI (KLEIN)
FÜR 425 G KONDITOR-CREME:
200 ML MILCH, 65 G ZUCKER
1 VANILLESCHOTE
3 EIGELB, 50 G SAHNE
2 EL SPEISESTÄRKE
3 CL GRAND MARNIER
FÜR DEN KARAMELL:
$^1/_8$ L WASSER
500 G GROBER ZUCKER
5 TROPFEN ZITRONENSAFT
ZUM VERZIEREN:
FEINE STREIFEN KANDIERTE ORANGEN- UND ZITRONENSCHALE
KANDIERTE ENGELWURZSTÄNGEL

- Am Vortag den Windbeutelteig zubereiten. In einer schweren Kasserolle Milch, Butter, Salz und Zucker zum Sieden bringen. Von der Kochstelle nehmen und das gesiebte Mehl unter kräftigem Rühren mit einem Holzpachtel einrieseln lassen. Die Kasserolle wieder auf die Kochstelle setzen und unter ständigem kräftigem Rühren kochen, damit der Teig trocknet. In eine Schüssel geben und unter ständigem Rühren die Eier hinzufügen (der Teig muss glatt sein).
- Backofen auf 200 °C (Gas Stufe 3) vorheizen. Den Teig in einen Spritzbeutel mit 8-mm-Tülle füllen und Windbeutel von 2 cm Durchmesser auf ein gleichmäßig eingefettetes Bleck spritzen. Die Windbeutel müssen die gleiche Größe und einen Abstand von 4 cm haben, damit sie gleichmäßig backen und nicht zusammenkleben.

- Mit verschlagenem Ei bestreichen über das man zum Verzieren eine Gabel zieht und 12 bis 15 Minuten backen, bis die Windbeutel aufgegangen und goldgelb sind. Bis zum nächsten Tag auskühlen lassen.
- Für die Konditor-Creme in einer schweren Kasserolle Milch, Zucker und die längs halbierte Vanilleschote zum Sieden bringen. Den Topf von der Kochstelle nehmen und die Milch bei geschlossenem Deckel ziehen lassen.

- In einer Schüssel mit einem Schneebesen Eigelb, Sahne und Speisestärke zu einer glatten Creme verschlagen.
- Die Vanilleschote aus der Milch nehmen und die Sahne-Eigelb-Mischung in die Vanillemilch rühren. Bei mittlerer Hitze unter ständigem Schlagen aufkochen. Einige Minuten sieden lassen, dabei weiterschlagen, bis die Creme dick wird. In eine Schüssel gießen und beiseite stellen.
- Die Creme abkühlen lassen, mit Frischhaltefolie abdecken und bis zum nächsten Tag kalt stellen.
- Am Tag der Zubereitung die Creme mit einem Schneebesen glatt schlagen und vorsichtig den Grand Marnier unterrühren. Den Boden der Windbeutel mit der gezackten Tülle des Spritzbeutels durchstechen, eine glatte Tülle von 8 mm Durchmesser einsetzen und die Windbeutel mit der Konditor-Creme füllen.
- Für den Karamell in einer schweren Kasserolle Wasser, Zucker und Zitronensaft aufkochen. Mit einem angefeuchteten Pinsel die Unreinheiten des Zuckers vom Topfrand entfernen und den Karamell auf 155 °C erhitzen (mit einem Zuckerthermometer kontrollieren). Der Karamell (Großer Bruch) ist jetzt klar, und wenn er kalt ist, knusprig wie ein Bonbon.

- Die Kasserolle von der Kochstelle nehmen. Die Windbeutel mit Karamell überziehen, indem man mit einem spitzen Messer hineinsticht und das Gebäck nacheinander in die Zuckerlösung taucht. Das Messer leicht auf den Topfrand klopfen, damit der Karamell abtropft und nicht zu dick wird. Die Windbeutel auf eine mit Pergamentpapier belegte Platte setzen und den Karamell hart werden lassen.

- Den restlichen Karamell erwärmen, dabei mit einem Holzspachtel rühren, bis er flüssig ist. Die Windbeutel mit der Unterseite in den flüssigen Karamell tauchen und zu einer Pyramide zusammenkleben: Man beginnt mit einem Kreis von 10 Windbeuteln, auf den man 9 weitere klebt, dann 8, 7 und so weiter, bis man die Pyramide mit einem einzigen Windbeutel abschließt. Die Pyramide mit feinen Streifen von kandierter Orangen-, Zitronenschale und Engelwurzstängeln bekleben.
- Den restlichen Karamell erneut erhitzen, von der Kochstelle nehmen, schnell zwei Gabeln (sie werden zwischen Daumen und Zeigefinger gehalten) hineintauchen und den Karamell auf einem Bogen Pergamentpapier abschütteln. Der gekochte Zucker bildet feine goldene Fädchen. Den Vorgang mehrmals wiederholen und den Karamel, sobald er erkaltet ist, um die Pyramide legen.

KLEINE BAISERS MIT ROSENWASSER

Für etwa 60 Baisers
Vorbereitungszeit: 20 Minuten
Backzeit: 1 Stunde 30 Minuten

- Die Baisers nach dem Rezept zu *Babioles Köstlichkeiten*, S. 112, herstellen, nur das Orangenblütenwasser durch 20 Tropfen Rosenwasser ersetzen.

ORANGENSTREIFEN IN MANDELSCHOKOLADE

Für etwa 80 Orangenstreifen
Vorbereitungszeit: 1 Stunde
Kochzeit: 15 Minuten

120 g Mandeln
kandierte Orangenschale
von 4 unbehandelten Orangen
250 g Bitterschokolade
(57% Kakaoanteil)

- Backofen auf 180 °C (Gas Stufe 2) vorheizen. Die Mandeln hacken, auf ein mit Pergamentpapier belegtes Backblech streuen und einige Minuten rösten. 15 kandierte Orangenviertel (siehe *In Quittensaft kandierte Orangenschale*, Seite 126) längs in 5 mm dicke Streifen schneiden.
- Schokolade schmelzen (siehe *Die Juwelen der Bienenkönigin*, Seite 48). Die Orangenstreifen auf eine Gabel spießen und in die Schokolade tauchen, die Gabel leicht auf den Schüsselrand klopfen, damit die überflüssige Schokolade abtropft.
- Die Orangenstreifen auf eine mit Pergamentpapier belegte Platte legen und mit den gerösteten Mandeln bestreuen. Vor dem Servieren bei etwa 18 °C hart werden lassen.

BRATÄPFEL MIT QUITTENGELEE

Für 10 Personen
Vorbereitungszeit: 30 Minuten
Backzeit: 50 Minuten

10 kleine Äpfel
250 g Quittengelee mit Quittenstückchen
50 g kandierte Zitronenschale
50 g kandierte Orangenschale
50 g getrocknete Feigen
50 g Trockenpflaumen
1 TL abgeriebene Schale
von 1 unbehandelten Orange
1 TL abgeriebene Schale
von 1 unbehandelten Zitrone.
1 Msp. gemahlener Kardamom
1 Msp. gemahlener Sternanis
50 g geschälte Mandeln
2 EL Butter
50 g Zucker
200 ml Gewürztraminer
Zum Servieren:
6 Orangen
10 Kugeln Vanilleeis

- Backofen auf 180 °C (Gas Stufe 2) vorheizen. Äpfel abspülen und abtrocknen. Mit einem kleinen Messer von jedem Apfel einen Deckel abschneiden, Kerngehäuse und Kerne entfernen und die Äpfel mit einem Teelöffel ein wenig auskratzen. Das Fruchtfleisch in kleine Würfel schneiden.
- In einer Schüssel Quittengelee, Apfelwürfel, die in Stifte geschnittenen kandierten Früchte und Trockenfrüchte, die abgeriebene Orangen- und Zitronenschale, die Gewürze und die Mandeln vermischen.
- Die Äpfel in eine feuerfeste Form geben und mit der Mischung füllen. Die Deckel auf die Äpfel setzen und mit Butterflöckchen und Zucker bestreuen. 50 Minuten im Ofen backen. Nach der halben Backzeit vorsichtig jeden Apfel mit etwas Gewürztraminer beträufeln.
- Die Äpfel lauwarm auf filetierten Orangenscheiben und mit Vanilleeis servieren.

Der Törtchenkönig

E. LE NOBLE

Der Törtchenkönig hatte in all seinen Ländern ein Verbot veröffentlichen lassen, auf Törtchen und Rahmtörtchen Rosenwasser zu geben. Da dieser Erlaß den Rosenwasserkönig verärgert hatte, hatte dieser seine Truppen gesammelt und war in das Törtchenkönigreich vorgedrungen, wo er in Zurückhaltung lebte; da aber hatte wiederum der Törtchenkönig seine Truppen gesammelt und zog gegen seinen Feind ins Feld, um ihn von seinem Boden zu vertreiben.

[...] Der Törtchenkönig hingegen befand sich noch immer im Kriegszustand mit dem Rosenwasserkönig; einmal war der eine im Vorteil, am nächsten Tag der andere; und die Sache wollte kein Ende nehmen. Der König Schlecklecker wollte sich zum Vermittler für eine gütliche Beilegung machen. Es war in seinem Sinne, daß diese beiden Könige in Frieden miteinander lebten, da er keine Rahmtörtchen ohne Rosenwasser essen konnte. Doch trotz all seiner Geschicklichkeit gelang es im innerhalb von acht Jahren nicht, diesem Krieg Einhalt zu gebieten. Da verfiel er auf einen anderen Ausweg, der erfolgreicher war: Er ließ die beiden Könige zustimmen, den Zuckerbäcker Le Coq zum Schiedsrichter ihres Streits zu machen. Man ließ ihn aus Paris kommen, und kaum hatte er gesagt, ein Mensch von Geschmack könne keine Törtchen ohne Rosenwasser essen, da wurde auch schon der Frieden zwischen den beiden Königen unterzeichnet, die augenblicklich alle Feindseligkeiten beendeten und von dieser Zeit an wie wahre Freunde lebten.

HIMBEERTÖRTCHEN MIT ROSENWASSER

Für 12 Törtchen
Vorbereitungszeit: 1 Stunde 10 Minuten
Backzeit: 12 Minuten

500 g Sandteig mit Nougat und Haselnüssen (siehe CREMETORTE, Seite 122)
400 g Konditor-Creme (siehe PRINZ KRUMMHALS' LECKEREIEN, Seite 149)
200 g Sahne
800 g Himbeeren
10 Tropfen Rosenwasser
2 EL Butter
Zum Backen:
1 Ei (klein)
Zum Verzieren:
3 Rosen

- Am Vortag den Sandteig und die Konditor-Creme zubereiten
- Am Tag der Zubereitung den Teig 30 Minuten vor der Weiterverarbeitung aus dem Kühlschrank nehmen. Auf einer leicht bemehlten Arbeitsplatte 2 mm dick ausrollen. Mit einem gewellten Ausstechförmchen von 12 cm Durchmesser 12 Kreise ausstechen.
- 12 Torteletteformen mit der Butter einfetten, in jedes einen Teigkreis legen und leicht mit den Fingerspitzen andrücken, überstehende Teigreste abscheiden. Die Böden mit einer Gabel einstechen, mit Frischhaltefolie abdecken und 30 Minuten kalt stellen.
- Den Backofen auf 180 °C (Gas Stufe 2) vorheizen und die Törtchen 8 Minuten blindbacken. Mit dem verschlagenen Ei bepinseln und weitere 5 Minuten backen, so werden die Törtchen schön goldgelb und knusprig. Aus der Form nehmen und auf einem Tortengitter auskühlen lassen.
- Die Konditorcreme mit einem Schneebesen glatt rühren. In einer 15 Minuten im Kühlschrank vorgekühlten Schüssel die Sahne steif schlagen und vorsichtig unter die Konditorcreme ziehen, dabei das Rosenwasser zugeben.
- Mit einem Spritzbeutel und einer glatten Tülle von 8 mm Durchmesser auf jedes Törtchen einen kleinen, runden Berg Creme spritzen. Mit Himbeeren und Rosenblättern verzieren und sofort servieren.

SANDGEBÄCK MIT GEWÜRZTEN QUITTEN

Für 12 Stück
Vorbereitungszeit: 1 Stunde 20 Minuten
Backzeit: etwa 1 Stunde

500 g Sandteig mit Nougat
und Haselnüssen
(siehe CREMETORTE, Seite 122)
6 kleine Apfelquitten
Fett für die Form
150 g grober Zucker
abgeriebene Schale
von 1 unbehandelten Zitrone
abgeriebene Schale
von 1 unbehandelten Orange
1 Msp. gemahlener Kardamom
1 Msp. gemahlener Sternanis
1 Msp. gemahlener Zimt
50 g Butter
1/8 l lieblicher Weisswein
Zum Verzieren:
2 Zitronen
2 Orangen
2 EL Puderzucker
einige feine Streifen
Zitrusfruchtschale

- Am Vortag den Sandteig zubereiten.
- Am Tag der Zubereitung den Backofen auf 200 °C (Gas Stufe 3) vorheizen. Die Quitten mit einem Tuch abwischen, um die Härchen zu entfernen, schälen, halbieren, Kerne und Kernhäuser entfernen und in eine gefettete, feuerfeste Auflaufform setzen.
- In einer Schüssel Zucker mit der abgeriebenen Orangen- und Zitronenschale und den Gewürzen vermengen, damit die Quitten bestreuen und Butterflöckchen darüber geben.
- Backofen auf 180 °C herunterschalten (Gas Stufe 2) und die Quitten 50 Minuten backen. Nach der halben Backzeit mit dem Weißwein beträufeln.
- Den Teig 15 Minuten vor der Weiterverarbeitung aus dem Kühlschrank nehmen. Auf einer leicht bemehlten Arbeitsfläche 2 mm dick ausrollen und mit einem runden Ausstechförmchen von 10 cm Durchmesser 12 Kreise ausstechen. Die Kreise in einem Abstand von 3 cm auf ein mit Pergamentpapier belegtes Blech legen, damit sie gleichmäßig backen und nicht zusammenkleben. Mit einer Gabel die Böden leicht einstechen und mit Frischhaltefolie abgedeckt 10 Minuten kalt stellen.
- Die Böden im Backofen bei 180 °C (Gas Stufe 2) 8 Minuten backen. Mit verschlagenem Ei bepinseln und weitere 5 Minuten backen, so bräunen sie schön und bleiben knusprig. Auf einem Tortengitter auskühlen lassen und mit Puderzucker bestäuben.
- Die Böden mit kandierten Quitten und einigen filetierten Orangen- und Zitronenspalten belegen.
- Kurz abkühlen lassen und servieren, sobald die Quitten lauwarm sind.

Man kann die Törtchen auch noch zusätzlich mit feinen Orangen- oder Zitronenstreifen verzieren.

Feenvesper aus *Pinocchio*

COLLODI

Pinocchio schwor Stein und Bein, daß er lernen und sich gut betragen würde.

Und er hielt Wort – ein ganzes Jahr lang.

Es kam sogar so weit, daß er bei den Prüfungen vor den Ferien in allen Ehren als Bester der Schule bestand.

Sein Betragen, hieß es, sei lobenswert und voll befriedigend, so daß die Fee ganz glücklich zu ihm sagte: »Morgen soll endlich dein Wunsch in Erfüllung gehen.«

»Und das bedeutet?«

»Morgen ist Schluß mit dem Holzbuben, morgen wirst du ein richtiger Junge.«

Wer die Freude Pinocchios bei dieser sehnlich erwarteten Nachricht nicht gesehen hat, wird sie sich auch nicht vorstellen können.

Alle Freunde und Schulkameraden sollten für den nächsten Tag zu einer großen Kaffeetafel ins Haus der Fee geladen werden, um gemeinsam das große Ereignis zu feiern.

Die Fee hatte zweihundert Tassen Milchkaffee sowie vierhundert Brötchen richten lassen, die sowohl oben als auch unten mit Butter bestrichen waren, aber …

Leider gibt es im Leben der Holzbuben immer ein Aber, das alles verdirbt.

PINOCCHIOS MILCHBRÖTCHEN

FÜR 10 KLEINE BRÖTCHEN (500 G TEIG)
VORBEREITUNGSZEIT: 45 MINUTEN
BACKZEIT: 12 BIS 15 MINUTEN

250 G WEIZENMEHL
10 G BÄCKERHEFE
30 G ZUCKER
150 ML KALTE MILCH
1 GESTRICHENER TL SALZ
50 G WEICHE BUTTER
ZUM BACKEN:
1 EI (KLEIN)

- Für den Hefeteig siehe *Bienenwaben*, Seite 50.
- Auf einer leicht bemehlten Arbeitsplatte den Teig in 10 gleich große Stücke schneiden und diese zu kleinen, festen, glatten Kugeln formen. Jeweils 5 Kugeln auf eine mit Pergamentpapier ausgelegte Platte geben und mit einem Tuch abgedeckt 1 Stunde bei Zimmertemperatur (22 °C) gehen lassen.
- Mit einer breiten, bemehlten Messerklinge die Mitte jedes Brötchens leicht eindrücken und abermals mit einem Tuch bedeckt 45 Minuten gehen lassen.
- Den Backofen auf 210 °C (Gas Stufe 3–4) vorheizen. Die Brötchen mit verschlagenem Ei bepinseln. Backofen auf 200 °C (Gas Stufe 3) herunterschalten und die Brötchen 12 bis 15 Minuten backen, bis sie aufgegangen und goldgelb sind.
- Statt Brötchen kann man aus dem Teig auch Zöpfe, Kränze, Schnecken oder Blumen formen.

Rezeptregister

Anisknöpfchen ♦ 120
Äpfel im Festtagskleid ♦ 110
Apfeltraum der Königin ♦ 86
Aprikosenkompott ♦ 114
Armer-Ritter-Gewürzschnitten ♦ 66
Babioles Köstlichkeiten ♦ 112
Bärchens Auflauf mit Süß- und Sauerkirschen ♦ 75
Bärentatzen ♦ 80
Bienenwaben ♦ 50
Birnen in gewürztem Wein ♦ 130
Bratäpfel mit Quittengelee ♦ 152
Cremetorte ♦ 122
Däumlings Plätzchen ♦ 20
Der Kuchen »Iss mich« ♦ 146
Der Kuchen des Marqui de Carabas ♦ 98
Der Mandelpudding des Menschenfressers ♦ 97
Die Henne mit den goldenen Eiern ♦ 53
Die Juwelen der Bienenkönigin ♦ 48
Eierkuchen ♦ 65
Eingelegte Walnüsse ♦ 125
Eselshauts Kuchen ♦ 16
Feenfinger mit Orangenblüten ♦ 42
Festliche Blätterteigpastete ♦ 142
Frittierte Holunderblüten ♦ 132
Gebratene Feigen in Vanille-Karamell-Sauce ♦ 132
Gefüllte Gans mit Pflaumen und Birnen ♦ 30
Großmutters Butterkekse ♦ 58
Gugelhupf ♦ 114
Haferbrei mit Akazienhonig ♦ 79
Hasenpfeffer ♦ 94
Heiße Schokolade mit Zimt ♦ 108
Hexenhäuschen ♦ 92
Himbeertörtchen mit Rosenwasser ♦ 158
In Quittensaft kandierte Orangenschale ♦ 126
Karamellisierte Paradiesäpfel ♦ 88
Katzenzungen ♦ 146
Kleine Baisers mit Rosenwasser ♦ 150
Konfitüre von Orangen, Kumquats und Ingwer ♦ 112
Kürbissoufflé mit Zimt und kandierten Orangen ♦ 46
Lebkuchenmännchen ♦ 25
Nuss-Vanille-Gebäck ♦ 108
Orangen- und Zitronenkringel ♦ 27
Orangenstreifen in Mandelschokolade ♦ 152
Pfannkuchen mit Akazienblüten ♦ 91
Pfirsichsuppe mit Pinot noir und Zimt ♦ 41
Pinocchios Milchbrötchen ♦ 162
Prinz Krummhals' Leckereien ♦ 149
Riquets Hochzeitskuchen ♦ 70
Röstbrot mit Creme fraîche und Zwetschenkonfitüre ♦ 12
Sandgebäck mit gewürzten Quitten ♦ 159
Schwarzwälder Kirschtorte ♦ 76
Sommerwein ♦ 118
Spanferkel vom Spieß ♦ 100
Süßer Brei ♦ 72
Terrine von Gänse- und Entenleber ♦ 138
Waffeln ♦ 118
Waldbeerenkonfitüre ♦ 60
Weiße Kieseldragées ♦ 63
Weißwürste ♦ 142
Wolfszähne mit Anis ♦ 60
Zuckerhölzchen ♦ 32

Bildnachweis

S. 1: Illustration von Gustave Doré von der Titelseite der *Contes* von Charles Perrault; © Paris, Bibliothèque nationale
S. 3, 6: Illustration von Gollwitzer aus *Cendrillon* von Charles Perrault (Ausschnitte); © AKG Paris
S. 9: *Repas de gens de qualité au XVIIIe siècle* (Ausschnitt). Sammlung J. Hamman; © Hachette
S. 10 (1): *7 d'un coup!* (Ausschnitt). © Ville de Paris, Bibliothèque Heure Joyeuse
S. 10 (2): Illustration von Felix Lorioux aus *La Belle au bois dormant* von Charles Perrault (Ausschnitt); »la Princesse entra dans un galetas situé en haut d'un donjon où une bonne vieille était seule à filer sa quenouille«; © Ville de Paris, Bibliothèque Heure Joyeuse
S. 10 (3): *Peau d'âne* (Ausschnitt); »Ne sachant que devenir, elle fut réduite à garder les dindons d'une fermière«; 1910, Bon Marché. © AKG Paris
S. 10 (4): *Peau d'âne* (Ausschnitt); »La princesse ayant rejeté son horrible peau d'âne et revêtu sa plus belle robe, prépara le gâteau tant désiré«; © Ville de Paris, Bibliothèque Heure Joyeuse
S. 11 (1): *Peau d'âne* (Ausschnitt); »Peau d'âne soucieuse de bien remplir ses devoirs, menait chaque jour au champs cochons et dindons«; © Ville de Paris, Bibliothèque Heure Joyeuse
S. 11 (2): *Peau d'âne* (Ausschnitt); © Ville de Paris, Bibliothèque Heure Joyeuse
S. 11 (3): Cuillères et écumoirs; © Hachette
S. 11 (4): Viktor Paul Mohn, *Aschenbrödel*, 1882. Berlin, Archiv für Kunst & Geschichte; © AKG Paris
S. 35: *Le Printemps* (Ausschnitt), gravure d'après un dessin de Pieter Bruegel le Vieux, éd.chez Jérôme Cock, 1520. Paris, Bibliothèque nationale; © Hachette
S. 36 (1): Planche botanique de la Poire; © Hachette
S. 36 (2): Jonathan Walter, *Jardin* (Ausschnitt); © Paris, Bibliothèque nationale
S. 37 (1) : Pisanello, *Antonio Pucci (ou Pucino)*, Mésange à moustache mâle, représentée une fois en vol et deux fois posée. Musée du Louvre, D.A.G.; © RMN-J.G. Berizzi
S. 37 (2): Jonathan Walter, *Grenadiers avec fleurs fruits et papillons*; © Paris, Bibliothèque nationale
S. 55: J. Hetzel, *Le Petit Poucet* (Ausschnitt); » En marchant il avait laissé tomber le long du chemin des petits cailloux blancs qu'il avait dans ses poches«, d'après Gustave Doré; © Hachette
S. 56 (1): Illustration von J. Touchet aus *Le Petit Poucet* von Charles Perrault (Ausschnitt); © Ville de Paris, Bibliothèque Heure Joyeuse
S. 56 (2): Illustration von F. Lorioux aus *Le Petit Chaperon rouge* von Charles Perrault (Ausschnitt); © Ville de Paris, Bibliothèque Heure Joyeuse
S. 56 (3) und 57 (1): Illustraton von Schulwandbild aus *Le Petit Chaperon rouge* von Charles Perrault (Ausschnitt), 1925; © AKG Paris
S. 57 (2): *Le Petit Poucet* (Ausschnitt); Sammlung Oberlé; © Edimedia
S. 57 (3 und 4): Planche de grenouilles; © Hachette
S. 57 (5): Jonathan Walter, *Deux feuilles mortes, Mucor granulos*; © Paris, Bibliothèque nationale
S. 83: Gustave Doré, *Le Petit Poucet* (Ausschnitt); Paris, Bibliothèque nationale; © Hachette
S. 84 (1): *Le Chat botté* (Ausschnitt). Sammlung Oberlé; © Edimedia
S. 84 (2): *Le Chat botté* (Ausschnitt). Sammlung Oberlé; © Edimedia
S. 84 (3): Illustration von E. Ostwald aus *Le Chat botté* von Charles Perrault (Ausschnitt), 1913; © AKG Paris
S. 84 (4): Illustration von H. Eichrodt aus *Hans et Gretel* von Charles Perrault (Ausschnitt), 1910; © AKG Paris
S. 84–85 (Fond): *Le Chat botté* von Charles Perrault (Ausschnitt); © Hachette
S. 85 (1): Illustration von S. Rousseau aus *La Merveilleuse Histoire* von Pan Twarvowski de Strowska (Ausschnitt); © Ville de Paris, Bibliothèque Heure Joyeuse
S. 85 (2): Illustration von Paul Hey aus *Le Chat botté* von Charles Perraut (Ausschnitt), 1907; © AKG Paris
S. 103 und 105 (Fond): »Carosse Louis XIV«, Teil des Kupferstichs von Jacques Rigaud, Vue de Trianon [Le Grand Trianon] dans le parc de Versailles du côté de l'avenue. Paris, Bibliothèque nationale; © Hachette
S. 104 (1): Maître des Cassoni Campana, *Les amours de Parsiphae* (Ausschnitt), xvie siècle. Avigon, musée du petit Palais; © RMN-R. G. Ojeda
S. 104 (2): Illustration von Edmond Dulac aus *La Belle et la Bête* von Charles Perrault (Ausschnitt); »Elle vit une dame qui lui dit: je suis contente de votre bon cœur…«, 1910. Paris, Sammlung Jean-Claude Carrière; © Edimedia
S. 104 (3): Illustration von Edmond Dulac aus *Cendrillon* von Charles Perrault (Ausschnitt); »Le coiffeur mit toute sa patience à dresser les coiffures du bal«, 1910. Paris, Sammlung Jean-Claude Carrière; © Edimedia
S. 104 (4): Illustration von Edmond Dulac aus *La Belle et la Bête* von Charles Perrault (Ausschnitt);
»Il ne put résister et prit un poulet qu'il mangea en deux bouchées«, 1910. Paris, Sammlung Jean-Claude Carrière; © Edimedia
S. 104 (5): Illustration von Edmond Dulac aus *Cendrillon* von Charles Perrault (Ausschnitt); »Cendrillon prit congé du Prince qui, très galamment lui baisa la main«, 1910. Paris, Sammlung Jean-Claude Carrière; © Edimedia
S. 105 (1): *Ouverture du bal paré* (Ausschnitt). Paris, Bibliothèque nationale, Cabinet des Estampes; © Hachette
S. 105 (2): Illustration von Edmond Dulac aus *Cendrillon* von Charles Perrault (Ausschnitt); »Il lui donna la main et la mena dans le parc où était la compagnie«, 1910. Paris, Sammlung Jean-Claude Carrière; © Edimedia
S. 105 (3): Illustraton von Edmond Dulac aus *Cendrillon* von Charles Perrault (Ausschnitt); »Un jour, le grave Ministre, accompagné du laquais portant la pantoufle…«, 1910. Paris, Sammlung Jean-Claude Carrière; © Edimedia
S. 105 (4): *Cendrillon*, »En s'enfuyant, Cendrillon avait abandonné sur les marches d'un escalier une de ses minuscules pantoufles«; © Ville de Paris, Bibliothèque Heure Joyeuse
S. 135: Illustration von Arthur Rackham aus *Le Five O'Clock* (Ausschnitt), 1907. Paris, Salon de la Société nationale de 1912; © Hachette
S. 136: Illustrationen von Tenniel aus *Alice au pays des merveilles* von Lewis Carroll, the nursery »Alice« (Ausschnitte), 1890. Sammlung Jean-Claude Carrière; © Edimedia
S. 137(1): Illustraton von Mussimo aus *Pinocchio* von Collodi, 1926. Sammlung Bemporad; © Ville de Paris, Bibliothèque Heure Joyeuse
S. 137 (2): Illustration von Nicole Claveloux aus *Alice au pays des merveilles* von Lewis Carroll (Ausschnitt), hrsg. Grasset-Jeunesse, 1974; © Hachette
S. 137 (3): Gérard dit Grandville, *Le royaume des marionettes* aus *Un autre monde*, 1844. Paris, Bibliothèque nationale, Cabinet des Estampes; © Hachette

Bibliographie

Andersen, H. C.: *Märchen.* Reclam Verlag, Stuttgart 1986, Übersetzung: Heinrich Denhardt

Aulnoy, Madame d': *Französische Feenmärchen der Mme. d'Aulnoy.* Hanau 1982, Übersetzung: Jacqueline Henard

–: *Contes*, in: *Le Cabinet des fées.* Editions Philippe Picquier, Arles 1988

–: *Die weiße Katze – Klassische Französische Märchen.* Artemis Verlag, München und Zürich 1983, Übersetzung: Elisabeth Naef

Baridon, M.: *Les Jardins.* Robert Laffont, Paris 1998

Bettelheim, B.: *La Psychoanalyse des contes de fee.* Robert Laffont, Paris 1968

Carroll, Lewis: *Alice im Wunderland und Was Alice hinter dem Spiegel fand.* Dressler Verlag, Hamburg 1991, Übersetzung: Barbara Teutsch

Collodi, C.: *Pinocchio.* Loewes Verlag, Bayreuth 1975, Übersetzung: Brigitte Eichhorn

Delarue, P. und Tenèze, M.-L.: *Le Conte populaire français.* Maisonneuve et Larose, Paris 1997

Dottenville, H.: *Mythologie française.* Edition Payot, Paris 1973

Jacobs, J.: *Jack und die Bohnenranke*, in: *Das große Märchenbuch – Die schönsten Märchen aus ganz Europa.* Diogenes, Zürich 1987

Kinder- und Hausmärchen, gesammelt durch die Brüder Grimm. Max Hesses Verlag, Leipzig 1914

Klassische französische Märchen. Artemis, Zürich 1946, Übersetzung: Elisabeth Naef

Lafforgue, P.: *Petit Poucet deviendra grand.* Mollat éditeur, Bordeaux 1995

Lagerlöf, Selma: *Nils Holgersson.* Reclam Verlag, Stuttgart 1996, Übersetzung: Gisela Perlet

Le Conte de fées littéraire en France de la fin du XVIIe à la fin du XVIIIe siècle. Presses universitaires de Nancy, 1981

Leprince de Beaumont, Madame Marie: *Schönchen und das Ungeheuer*, in: *Die weiße Katze – Klassische Französische Märchen*, a. a. O.

Li Chang Yin: *L'Oiseau bleu*, in: Claude Roy: *Le voleur de poèmes.* Mercure de France, Paris 1981

Opie, Iona und Peter: *The Classic Fairy Tales.* Oxford University Press (o. J.)

Perrault, Charles: *Sämtliche Märchen.* Reclam Verlag, Stuttgart 1986, Übersetzung: Doris Distelmaier-Haas

Philip, N.: *English Folktales.* Penguin Book, 1992

Rowes, J. A.: *Le Petit Bonhomme en pain d'épice.* Editions Nord-Sud, Gossau 1993, Übersetzung: Michelle Nikly

Roule Galette. Flammarion Père Castor, Paris (o. J.), Übersetzung: Natha Caputo

Ségur, comtesse de: *Nouveaux contes de fées.* Gallimard, Paris 1980

Soriano, Marc: *Les contes de Perrault.* Editions Gallimard, Paris 1968

Stahl, J. P.: *Hans Däumling*, in: *Illustrierte Jugendschriften*, dt.-franz. Ausgabe, Bd. 1. Teubner Verlag, Leipzig (o. J.)

Tolkien, J. R. R.: *Bilbo le Hobbit.* Stock, Paris 1969, Übersetzung: Francis Ledoux

Wullschläger, J.: *Enfances rêvées.* Editions Autrement, Paris 1997

Herzlichen Dank

an Martine Albertin, die uns versammelt hat;

an Pierre Griperay, der uns seine Hilfe, sein Talent und seine Kreativität zur Verfügung gestellt hat (S. 29, 45, 64, 78, 90, 96, 99, 140, 141, 145);

an all jene, die uns unterstützt haben: Séverine Baehrel, Mathilde Baker, Jean-Pierre Chalon, Antoine et Véronika Coussieu, Philippe Donato, Françoyse Germann, Frédérick Grasser-Hermé et Pierre Hermé, Colette Pètremant, Laura Zavan et Soraya, Jamil, Edward, Théo;

an das Musée de l'Armée, an das Hôtel des Invalides und an die Stadt Sens;

an alle Künstler und Kunsthandwerker, an alle Firmen und Antiquitätenhändler, die uns diese schöne Präsentation ermöglicht haben: Astier de Villatte (S. 109, 117), Auberlet-Laurent (S. 111, 121, 123, 127, 140, 141), Porcelaines Bernardaud (S. 121, 127), Campagne Première, Françoise et Henri Quinta (S. 24, 73), Colette (S. 38, 39, 40), Comoglio et Philippe Lacarrière (S. 18, 139, 141), Henry Dean (S. 95, 119), Déjeuner sur l'Herbe (S. 81), Deyrolle et Anne Orlowska (S. 2, 107, 113, 140, 141), Diasprée et Sybille d'Halloy (S. 115, 127), Les Fées d'Herbe, Sylvie Aubry et Dominique Bernard (S. 2, 113), Patrick Frey (S. 127), La Galerie des Laques et Jean-Claude Hureau (S. 111, 113, 115), Godin (S. 23), Hermès et Pascale Mussard (S. 38, 39, 43), L'Heure Joyeuse et Françoise Lévèque, Lallier à Moustiers (S. 107, 109, 128, 129, 131, 141, 143), Casa Lopez et Véronique Lopez y Cabello (S. 29, 30), Mathias (S. 128, 129, 131), Les Mille Feuilles, Pierre Brinon et Philippe Landri (S. 69, 139, 140, 141, 143), Mise en Demeure et Philippe Darraux (S. 13, 119, 127, 160, 161, 163), Mokuba (S. 123), La Palférine et Sabine de la Morinerie (S. 74, 107, 115, 140, 148, 151, 152), Passementeries Nouvelles Declercq (S. 107, 115, 121, 127), La Porcelaine de Limoges (S. 121, 123, 127), Puiforcat (S. 109, 115), Quartz (S. 90), Tino Ré (S. 2, 77, 160, 161, 163), Cristalleries Saint-Louis (S. 113, 128, 129, 131, 132), Confiserie Tétrel (S. 90, 107, 109, 127), Tsé-Tsé (S. 123), La Tuile à Loup, Marie-France et Michel Joblin (S. 17, 26, 53, 59, 67, 73, 74, 95, 101, 163), Vassilissa et Véronique Lévy (S. 127, 128), Véraseta (S. 107, 115, 121, 127), Vertumne et Clarisse Béraud (S. 78, 90, 107, 123, 128, 129, 131) et Yeoward Cristal à Londres (S. 49).

Redaktion: Heike Pressler, München
Übersetzung: Eliane Hagedorn, Kollektiv Druck-Reif, München
Umschlaggestaltung: Heinz Kraxenberger, München
Umschlagfoto: Bernhard Winkelmann
Satz: Filmsatz Schröter, München
Reproduktionen: Eureys, Baisieux
Bindung: AGM, Forges-les-Eaux
Druck: Canale, Turin

Printed in Italy

ISBN 3-576-11490-4